reinhardt

-minu

Frikadellen sind out

Kolumnen von -minu

Friedrich Reinhardt Verlag

Projektleitung: Beatrice Rubin
Layout: Franziska Scheibler
Titelbild: Rebekka Heeb
ISBN 978-3-7245-2238-6

Der Friedrich Reinhardt Verlag wird vom
Bundesamt für Kultur mit einem Strukturbeitrag
für die Jahre 2016–2020 unterstützt.

www.reinhardt.ch

Inhaltsverzeichnis

Vorwort	7
Frikadellen	9
Abwasch	13
Beifahrer	15
Die Sekretärin	19
Höhenflug	21
Der Loser	25
Rote Schuhe	27
Hagelzucker	29
Die Dogge	33
Haarschnitt	35
Herbstblumen	37
Terrassen-Grill	39
Sudoku zum Frühstück	41
Flughafen-Impressionen	45
Fremdgegangen	49
Escort-Boy	51
Fahrausweis	53
Lucie und Leo	57
Goldene Hochzeit	59

Frau -witsch	61
Mach die Fliege!	63
Sonntagsgeschirr	65
Integration mit Sushi	67
Enzianblau	71
Der andere Tatort	75
Regen auf Teneriffa	79
Das Baby	83
Sport ist Mord	87
Blaue Pillen	91
Hoffen für Tilly	95
Flucht	99

Vorwort

Er ist ein Phänomen!

Während sich andere spätestens nach dem zwanzigsten Band zurücklehnen, um sich auf ihren Lorbeeren auszuruhen oder schlicht, weil sie die Muse nicht länger küsst und ihnen nichts mehr einfällt, schreibt er locker weiter. Und schreibt und schreibt und schreibt. Dabei wird er sogar mit jedem Buch besser. Was der letztjährige -minu beweist. Kurz vor Weihnachten stürmten die -minu-Süchtigen die Buchhandlungen, um eines der letzten Bücher zu erstehen. Man munkelt sogar, dass die Verkäuferinnen in einzelnen Geschäften hysterische Fans, die unter Schock standen, beruhigen mussten, nach der bitteren Erkenntnis, dass sie die Weihnachtszeit unwiderruflich ohne ihre Festtagsdroge verbringen würden. Dabei hatten wir sogar die Auflage zum vorjährigen Buch nochmals erhöht. Aber selbst das reichte nicht. Und ich wurde im Verlag dafür mit dem Titel «Bestsellerkiller» gekrönt. Da soll noch jemand sagen, das Buch in der heutigen Form hätte ausgedient.

Aber auf was beruht der jahrzehntelange Erfolg von -minu, der nicht nur bei der 50plus-, sondern auch bei jüngeren Generationen unvermindert anhält? Er ist schräg, lustig, ideenreich, kann fesselnd schreiben und ist vor allem eines – authentisch. Und er trifft mit seinen kleinen Alltagsgeschichten den Nerv seiner Fans. Immer wieder finde ich mich selbst in der einen oder anderen wieder. Vielleicht etwas überzeichnet, aber treffend. Wenn Sie schon einmal an einer Vernissage von -minu teilgenommen haben, werden Sie von ihm in den Bann gezogen. Er liest nicht nur vor, sondern schmückt seinen Auftritt mit Ereignissen der letzten Tage aus dem Leben unserer Stadt aus, schont nichts und niemanden, obwohl er mit seiner subtilen Art keine

Namen nennt. Das muss er nicht, die Zuhörerinnen und -hörer wissen trotzdem, um wen es sich handelt. Manchmal kommt auch sein Verleger dran. Ich halte mich anschliessend am Buffet schadlos, das Beste aller unserer Vernissagen. Und erst noch von -minu gesponsert.

Neues Buch, neuer Versuch! Der Versuch, meinen internen Titel wieder loszuwerden. Ich habe die Auflage nochmals erhöht, sodass es während der Weihnachtstage bei niemandem mehr zu einem -minu-Leseentzug kommen wird. Jetzt freue ich mich bereits auf das nächste Jahr, auf den nächsten -minu. Was immer es sein wird. Und ich verspreche, dass ich in zwanzig Jahren nochmals ein Vorwort schreibe, wenn ich dann noch schreiben kann. -minu kann bestimmt noch!

Freddy Rüdisühli
Seit einer Ewigkeit -minu-Verleger
(auf DEN Titel bin ich ziemlich stolz!)

Frikadellen

Ilse griff zum Flaumer. Und rüttelte am Holzstiel.
Ein weisser Staubregen tanzte durch den sonnigen Tag.
«AUFHÖREN!», tobte es genervt von einem der unteren Balkone. «Ihr verdammter Dreck regnet auf meine Leintücher!»
Natürlich. Es war die Gygax vom Dritten. Diese dumme Kuh musste sich ja immer und überall einmischen.
«Der Balkon ist keine Wäschewiese!», schrie Ilse giftig zurück. «Wenn Sie zu faul sind, Ihre Sachen im Waschhaus aufzuhängen, ist das Ihr Bier ...»
Es entspann sich nun ein Wettbewerb an unflätigen Wörtern. Der untere Stock blieb dem oberen nichts schuldig. Und Ilse rüttelte derart genervt am Flaumerstiel, dass sich der Wollhaarteil loslöste und auf die fleissigen Lieschen krachte. Es waren die «fleissigen Lieschen» der Gygax: «DIE HABE ICH SELBER GEZÜCHTET – SIE DUMME SAU!»
Die Stimme vom unteren Balkon überschlug sich.
«Mässigen Sie sich», brüllte es von oben, «ansonsten zeige ich Sie wegen Personenbeleidigung an. Mein Sohn ist Richter ...»
«Ach ja – was richtet diese rosige Tunte denn an?!»
Gekreische. Gekreische. Und: «HUUGOOO! HUUUGOOO – SIE HAT HORST-MARIA EINE TUNTE GENANNT! UND MICH EINE DUMME SAU.»

Hugo war die Sau so was von wurst. Schon bei den ersten schrillen Tönen hatte er sich aus dem Haus geschlichen – in Richtung «Brauner Bär».
Dort war es wunderbar still.
Der kroatische Kellner sass vor einer Fussballzeitung. Der tamilische Buffetbursche polierte stumm die Gläser auf Glanz. Nur dann und

wann vernahm man ein gemütliches Zischen aus dem Zapfhahn. Oder den herzlichen Rülpser eines Rentners, in dessen Innenleben sich die dritte Frikadelle meldete.
Hugo angelte sich eine dieser Frikadellen. Sie hiessen jetzt «Burger». Die Jahre hatten die gemütlichen Kugeln flach gedrückt. Sie waren zu europäisch unisono geformten Fladen verkommen. Mit genormtem Inhalt. Von ebenso genormten Rindern.
Hugo spie den Burgerbissen in die Papier-Serviette:
«Hats Bierbretzel?»
Er holte den Kellner aus der kroatischen Fussballliga.
«Nein, Herr», sagte dieser. Und las weiter.
Hugo atmete tief durch.
WO WAREN DIE BIERBRETZEL VON EINST? WO WAREN DIE DICKEN, UNFÖRMIGEN FRIKADELLEN? WO WAR ALL DAS SCHÖNE SEINER JUGENDZEIT?
«Es ist nicht mehr wie früher ...», seufzte er zu seinem Tischnachbarn. «Frikadellen sind out – und unser Jahrgang auch!»
Der weisshaarige Mann mit dem ungepflegten Schnauzer kämpfte sich mit seinem Handy ab. Immer wieder hielt er den kleinen Apparat an sein haariges Ohr. Und schüttelte dann unwillig den Kopf: «Einfach nichts ... kein Ton ... verstehen S i e etwas von diesem Mist?»
Hugo nahm das schwarze Ding. Drückte ein paar Tasten. Und gab das Handy dem Alten zurück: «Also der Summton funktioniert ...»
Der Mann legte den Apparat an seine pelzigen Löffel. Zuerst links. Dann rechts. Schliesslich hob er seufzend die Schultern: «Ich höre ohne Hörapparat eh nichts ...»
«Sie Glücklicher!», seufzte Hugo.
«Was haben Sie gesagt?», brüllte der Alte so laut, dass selbst der Buffetbursche beim Glaspolieren innehielt.
«ICH HABE GESAGT, ES IST SEHR OFT BESSER, NICHTS HÖREN ZU MÜSSEN ...»
Der haarige Ohrenmann schaute stumm auf sein Telefon. Dann zu Hugo. Und auf dessen angebissenen Burger: «... die Frikadellen sind auch nicht mehr wie früher! Nichts ist, wie es war. Fräulein, zahlen!»

Der kroatische Kellner erhob sich seufzend von den Fussball-Resultaten. Seine Mannschaft hatte 0:8 verloren. Einmal waren sie kroatischer Meister gewesen.
«Zeit ist schläächt ...», sagte er zu Hugo.
«Der Burger auch», seufzte der.
«Kommt wieder Spiel», tröstete sich der Kroate. «Und morgen ist neues Karte mit fleischlos Kebab ...»

SELTSAME NEUE WELT.

Abwasch

Sie hasste den Abwasch. Das war schon immer so gewesen. Bei schmutzigen Tellern, auf denen noch Resten von Wurst oder Eigelb klebten, wurde Louise übel. Verkrustete Pfannen gaben ihr den Rest. Als Kind hatte sie ihre Schwester bestochen. «Ich mache deine Rechnungsaufgaben, wenn du für mich abwäschst ...»

Sie war eine gute Chemikerin. Und freute sich nach dem Studium am grosszügigen Salär bei einem der Basler Chemie-Giganten.

Jean-Claude lernte sie an einem Kongress kennen. Der schöne Mann kam nicht aus dem intellektuellen Milieu. Man könnte fast sagen: ganz im Gegenteil. Er leitete den Gourmet-Teil eines Kongresszentrums. Und sein wissenschaftliches Interesse galt einzig dem Problem, wie man es vermied, die Sauce béarnaise zur Scheidung zu bringen.

Louise hatte für ihre Firma das sechstägige Seminar «Chemie und Umwelt» gebucht. ES WAR WIE IMMER STINKLANGWEILIG: DOZENTENPARADE. UND BLABLABLA ... Da wurde beim Schlummertrunk an der Bar das freundliche Gespräch des Gastro-Chefs über den Garpunkt einer Wachtelbrust so leicht wie ein Soufflé. Und wunderbar erholsam. Man könnte sagen: Die Chemie stimmte.

Die beiden wurden ein Paar. Allerdings machte er zur Bedingung: «Ich bin ein alter Macho, Louischen – m e i n e Frau arbeitet nicht ...» Damit konnte sie leben. Die Intrigen im Labor gingen ihr eh auf den Keks.

Es zeigte sich dann bald, dass der Turbo(t)-Manager weniger die Lebensgefährtin als die Angestellte in ihr sah. Louise bügelte, kochte, putzte. Sehnsüchtig dachte sie ans Labor zurück. Das Schlimmste: der Abwasch!

Jean-Claude wollte keine Maschinen in der Küche: «Davon halte ich nichts, Louischen – bei uns daheim haben wir den Abwasch gemeinsam gemacht. Dazu wurde ein Liedlein gesungen. Oder Mamma hat ein Gedicht rezitiert ...»

Louise war keine Singdrossel. Und bei Gedichten hatte sie nur die Totengräber-Ode auf der Platte. Das war nicht der Aufheller bei trüben Tassen!

«So eine Geschirrwaschmaschine kostet kein Vermögen ...», beharrte sie.

«ES GEHT NICHT UMS GELD!», belehrte sie ihr Mann, «es geht um die Gemütlichkeit. Abwaschen mit dir bringt mir ein Heimgefühl, Geborgenheit ...»

Dem Frieden zuliebe sang sie weiterhin bei «Pril» flüssig.

Als die silberne Hochzeit ins Haus stand, wollte Jean-Christoph ein Fest: «Nichts Grossartiges. Schon gar nicht auswärts – nein. Gemütlich. Daheim. Mit rund dreissig Gästen ... ich koche. Du wäschst ab ...»

SIE HATTE SICH DEN FÜNFUNDZWANZIGSTEN HOCHZEITSTAG EIN BISSCHEN ANDERS VORGESTELLT.

Er schmetterte einen Fünfgänger hin. Das waren schon mal hundertfünfzig Teller. Von den Gläsern, Gabeln, Messern ganz zu schweigen. Louise hatte in der Küche seufzend einen zweiten Tisch aufgestellt. Hier konnte sie das schmutzige Geschirrt stapeln. ES WAR VIEL GESCHIRR. Beim Kaffee ging sie dann mit dem Cognac herum. Schenkte lächelnd ein – auch ein gut gefülltes Glas für Jean-Christoph.

Er liess einen Trinkspruch los: «Auf mein fleissiges Louischen.»

DANN MACHTE ER DIE SCHRAUBE. AUF IMMER UND EWIG ...

«Herzversagen», konstatierte der ziemlich angeheiterte Hausarzt, der unter den Gästen weilte. Louise wusste es besser. Das Chemiestudium war doch nicht für die Katz gewesen.

Und so ging alles in einem Abwasch ...

Am Morgen nach dem Fest gab sie das Arsen mit den Essensresten in den Mülleimer. Zuerst klingelte der Bestatter. Er wollte die Urnenfrage diskutieren. Danach klingelte der Techniker von Bosch. Er schloss eine Geschirrwaschmaschine an.

Beifahrer

Elsie hebelte demonstrativ am Beifahrersitz herum. Natürlich hatte Walti ihn verstellt. Dabei waren sie genau gleich gross: hundertsiebzig gelebte Zentimeter.
ABER NEIN – ER FÜHLTE SICH (WIE IMMER) GRÖSSER ...
Walti seinerseits fuhr den Fahrersitz zurück.
«WALTI – JETZT HÖR AUF, AN DEM SESSEL RUMZUWERKELN!»
«Du werkelst, Elsie ... der Beifahrersitz war genau programmiert. Rückenschonend. Nackenstützend. UND JETZT KOMMST DU UND MACHST EINEN ZWERGENSESSEL DARAUS!»
Am besten: Frau schwieg!
Walti fuhr los.
Nach drei Sekunden: «Der Blinker, Walti ...»
«Was iss?»
Elsie ungeduldig: «DER BLINKER. DU HAST NOCH DEN BLINKER AN.»
Er gab keine Antwort. Und dliggdliggdligg machte der Blinker.
«Hast du die Ohren drin?»
Keine Antwort.
Dann Elsie brüllend: «DER BLIIINKER ...!»
Walter fuhr gleich auf Hundert: «DAS HÖRE ICH! Wir biegen aber rechts ab, oder ...»
«Ja. Aber erst nach drei Strassen ...»
Nun hatte sein Kopf die Röte einer SP-Fahne: «WER FÄHRT EIGENTLICH – DU ODER ICH?!»
Elsies Stimme wurde eiszapfenkalt. «Lass mich raus!»
Walti sagte nichts. Sondern bog rechts ab.
«LASS MICH RAUS! SOFORT ...»
Walti drückte genervt aufs Pedal: «Jetzt hör auf mit diesem Mist – jedes Mal dasselbe Theater!»

Dann höhnte er: «Was glaubst du eigentlich, wie toll sich der Beifahrer neben Frau Elsie fühlt ...?»
Die Wut war ihm in den Fuss gefahren. Er bretterte satte Achtzig.
«HIER IST DREISSIGERZONE – WALTI!»
«FAHRE ICH ODER DU?»
Schweigen. Dann das spitze Statement von Elsie: «Mir wäre es lieber, ich würde fahren ...»
«Ja klar. Und dann ist die ganze Karre wieder futsch!»
Elsie lachte höhnisch auf: «Es war ein winziger Kratzer. Nur mit der Lupe zu sehen. Und wenn du nicht deine Werkzeugkiste in die Garage gestellt hättest – WO SIE WEISSGOTT NICHT HINGEHÖRT, WALTER! –, also, wenn ich da nicht in der letzten Sekunde hätte ausweichen müssen, hätte es nicht gekratzt!»
«Frauen haben eine verlangsamte Reaktion!»
Jetzt begann Elsie zu hyperventilieren: «Ja klar, sags doch gleich: Frauen gehören an Pfannen und Pampers, nur nicht ans Steuer! HIMMEL – IN WELCHEM JAHRHUNDERT LEBST DU EIGENTLICH?!»
Die Halsschlagader von Walti schwoll zu einem Schiffstau an: «NOCH EIN WORT UND DU KANNST DIE WEIHNACHTSGESCHENKE SELBER SCHLEPPEN. Meinst du, mir mache es Spass, mit dir in dieses Scheisscenter zu fahren und mich von dir anpissen zu lassen?»
Aus dem Radio düdelten Bing Crosby und sein Lied vom rotnasigen Rudolf, dem Rentier.
Elsie hatte jetzt rote Augen – und schniefte. «Immer vor Weihnachten hast du den Blues, Walti ... was kann ich dafür, dass du eine unglückliche Jugend hattest?!»
«ICH WAR EIN GLÜCKLICHES KIND!», brüllte Walti.
Und gab Vollgas, um diesen Vollarsch von Velokurier rechts zu überholen.
«WALTI!», schrie Elsie. «DU HÄTTEST IHN FAST GERAMMT?!»
Der Velofahrer zeigte den Stinkefinger. Und plötzlich funkelten Lichter.
Es war nicht der Weihnachtsmann. Es war die hysterisch blinkende Beere des Polizeiautos: «Ihren Fahrausweis, bitte!»

Zwei Tage später hebelte Elsie wieder den Fahrersitz für sich in Position. Drei Monate lang redete ihr jetzt keiner mehr drein. Zufrieden fuhr sie los.
«Elsie – du hast den Blinker an!»
«HABE ICH DEN AUSWEIS ODER DU?»

Die Sekretärin

Kurt war mies drauf.
Erstens wars der letzte Tag seiner Sekretärin. Fräulein Vaterlaus (sie bestand auf das «Fräulein») hatte ihm vierzig Jahre gedient. Er hatte sie als Achtzehnjähriger von seinem Vater übernommen, als dieser von einem Lastwagen platt geleimt wurde.
FRÄULEIN VATERLAUS WURDE SO ETWAS WIE EINE FIRMEN-MUTTER FÜR IHN.
Sie führte ihn behutsam in seine Pflichten als neuer Chef ein – wusste aber immer, wo ihr Platz war.
Kurt hatte durch Headhunter und Inserate eine Nachfolgerin gesucht. Was kam, war bedenklich: schnippische, junge Weibsbilder mit Honoraranforderungen wie Madonna.
JA HALLO – DIE SOLLTEN ZUERST MAL ETWAS LEISTEN.
Schliesslich hatte Irma Vaterlaus selber eine junge Nachfolgerin mitgebracht: adrett, bescheiden und – wie es im Anstellungsgespräch schien – kompetent. Überdies sah sie gut aus. Verdammt gut. Also so etwas hätte sich Kurt als Tochter gewünscht: Seidenstrümpfe in eleganten Pumps. Gut sitzender Tailleur (schwarz). Und schlichte Perlenreihe über dem Hermesschal. Eine Business-Lady wie aus dem Versandkatalog.
Kurt seufzte. Denn damit war er beim zweiten Seelentief: seine Tochter Lilli – EINE ROBUSTE ENTTÄUSCHUNG!
In Lilli hatte er alle seine Hoffnungen gesetzt. Immerhin war sie klug. Ehrgeizig. Hatte die Matur mit Bestnoten bestanden. Und wurde auch Captain der Frauenhockey-Riege des Orts.
DAS WAR DAS DRITTE PROBLEM.
Schon als Mädchen war sie nicht in einen Rock zu kriegen. Als ihr das Christkind Schlittschuhe brachte, warf sie diese durchs geschlossene Fenster. Und brüllte nach einem Hockeyschläger.

ABER HALLO – TAT SO ETWAS EIN LIEBES MÄDCHEN?!
Es ärgerte ihn, dass er nicht sofort schnallte, wie der Hase lief. Aber Hilde hatte nur gelächelt. «Ja und? Du bist doch auch immer auf die Navratilova gestanden. Was ändert das am Ganzen?»
ES ÄNDERTE ALLES!
Er hatte sich seine Tochter in Weiss am Altar vorgestellt – an ihrer Seite ein junger Akademiker, zumindest aber ein Banker. Zusammen würden sie ihn ablösen. Und den Laden hier schmeissen.
ABER NEIN. CAPTAIN EINER FRAUENHOCKEY-RIEGE! KRAWATTE STATT COLLIER! GEL IM HAAR!
In den nächsten Wochen wurde Kurts Laune durch seine neue Sekretärin aufgeheitert.
Die Frau war ein Glücksgriff. Sie begann bereits, da und dort Verbesserungsvorschläge zu unterbreiten. Vor allem: Sie war kompetent.
Drei Mal hatte er sie zum Mittagessen eingeladen – er wollte etwas mehr wissen: «Sind Sie verlobt, Fräulein Elke?»
«Frau bitte. Und: ja!», lächelte sie.
«Ach der Glückliche …»
«Die …», lächelte sie ein zweites Mal.
Und: «Ich kann nicht ganz folgen, Frau Elke …», murmelte Kurt verwirrt. Er bestellte ein zweites Dessert.
Ein halbes Jahr danach sah er, wie Fräulein, pardon, Frau Elke nach Feierabend im Büro abgeholt wurde.
Ein junger Kerl in Jeans umarmte sie zärtlich – erst an der Krawatte erkannte er Lilli. Und am Gel im Haar.
Zu Hause angekommen rührte er sich zuerst einen starken Dry Martini. Dann noch einen. Und einen dritten.
Schliesslich rief er Hilde: «Jetzt hock dich schon mal zu mir … du glaubst ja nicht, was heute passiert ist …»
Hilde setzte sich auf die Couch. Und lachte: «Du bist in letzter Zeit viel besser drauf. DU HAST DICH IN DEINE SEKRETÄRIN VERLIEBT!»
«Schön wärs», seufzte Kurt.
Und dann: «… immerhin zeichnet sich für die Zukunft der Firma eine gute Lösung ab …»

Höhenflug

Mit zehn Jahren wurde sie verführt. In der Badewanne. Onkel Max spielte «die lustige Ente» mit ihr. Er stieg zur Kleinen in den Fichtennadelschaum. Und dann kam das mit der «lustigen Ente» – böser Onkel!

Der Onkel wurde angezeigt. Mireille bekam Hilfe – «psychologischen Beistand» nannten sie das. Doch das kleine Mädchen verkroch sich. Blockte ab. Und wurde eine Einzelgängerin.

Sie hätte gerne einen Freund gehabt. Aber ohne Sex. Einfach jemanden zum Anlehnen. Zum Kuscheln. Einen menschlichen Teddybären (bis zwanzig nahm sie ihren Teddy mit ins Bett. Bei ihm war sie sicher, dass er nicht «lustige Ente» spielen wollte).

Sie sah gut aus. Und wurde oft angebaggert. Es blieb jedoch stets bei nur zwei, drei Treffen. Dann wollten die Männer mit Mireille in die Badewanne (im übertragenen Sinne).

Spätestens dann blockte Mireille ab: «Können wir nicht einfach Freunde sein?»

Nein. Konnten sie nicht. Und «Geh mal zu einem Nervenklempner … du hast doch eine Schraube locker», knurrten die badefreudigen Burschen.

Mireille lotete den Weg mit Frauen aus. Da war keine Enten-Gefahr. Aber die Sehnsucht nach dem grossen Teddybären wurde nicht gestillt. Immerhin konnten sie problemlos «Freundinnen bleiben». Frauen waren da weiter voran …

Mireille hörte sich die Erfahrungen der Freundinnen an. Sie schwärmten von «Höhenflügen». Und: «Es ist, als würdest du auf Wolken getragen, in den Himmel auffliegen …», schwärmten die.

Mireille spürte eine stille Traurigkeit. Sie wäre auch gerne auf Wolken geschwebt.

Und zum Himmel aufgestiegen.

In den Ferien liess sie sich am Sandstrand von der Sonne streicheln. WAR ABER AUCH KEIN TEDDY-ERSATZ.
Und wie sie als Vierzigjährige dann erstmals von den Rimini-Papagalli angemacht wurde, beschloss sie, künftig auf die Adria-Sonne zu verzichten.
Ihr Ziel war jetzt Wandern. Sie buchte in Interlaken. Nach der Tagestour setzte sie sich auf die Terrasse des Hotels Viktoria-Jungfrau. Löffelte ein Zitronensorbet. Und schaute den Gleitschirm-Piloten zu, wie sie mit ihren Flugpassagieren auf die grosse Wiese segelten.
EINER GEFIEL IHR BESONDERS. Er hatte rehbraunes Haar. Und blaue Augen. Dazu war er stämmig gebaut. DER ABSOLUTE TEDDY-TYP!
Als er den Gleitschirm zusammenfaltete, schlenderte sie zu ihm. «Ein einzigartiges Erlebnis», schwärmte der leicht bauchige Engländer, der mit dem Piloten im Tandemflug vom Berg gehüpft war. «Thank you, Fritz.»
FRITZ HIESS DER TRAUMMANN ALSO. IHR TEDDY HATTE AUCH «FRITZI» GEHEISSEN.
«Ich würde gerne auch einmal ...», lächelte Mireille Fritz an.
Der lächelte zurück: «Es wird mir ein Vergnügen sein, schöne Frau – haben Sie schon einmal ...?» Nein. Nie.
Sie lud Fritz zum Zitronensorbet auf die «Viktoria»-Terrasse ein. «Bis morgen», strahlte Fritz. Der italienische Kellner zwinkerte Mireille zu: «Oh lala!»
BLÖDMANN, dachte Mireille.
Es kam das spannende Vorspiel mit all den Seilen, Spangen und Fesseln. Sie spürte Fritz satt an ihrem Rücken. Dann hoben sie ab.
«ICH SCHWEBE AUF WOLKEN», jauchzte sie.
Es war unbeschreiblich.
Sie drehte sich wild zu ihm herum: «Oh, Fritz ...»
«Bau keinen Mist», brüllte der. Denn die Seile verhedderten sich.
«ES IST EINFACH IRRE SCHÖN ...», jubilierte sie. Und drehte sich erneut zum fliegenden Teddybären ...
«MIREILLE!», schrie Fritz.

Dann war sie wieder im Himmel. Diesmal für immer.
Die Medien berichteten ausführlich über den Absturz – aber auch nur weil an jenem Wochenende sonst nichts in die Luft gegangen war.
Der Kellner wurde im «Blick» zitiert. «Sie war eine Signora caldissima – eine ganz heisse Frau!»
BLÖDMANN!

Der Loser

Sein Neujahrsvorsatz war klipp und klar: ICH BRINGE SIE UM.
Seit achtzehn Jahren war Max verheiratet. ES WAREN ACHTZEHN JAHRE ZU VIEL.
Klar – Eva hatte auch ihre guten Seiten. Nun ja – eigentlich eine einzige gute Seite: Sie war stinkreich. Ihr Vater hatte Geld mit Immobilien gemacht. Nicht immer sauber. Aber immerhin hatte er den Anstand, früh genug ins Gras zu beissen. Und sein Vermögen der einzigen Tochter zu hinterlassen – Eva. Eva Meier. (Zwar nur mit gewöhnlichem «i». Aber eben: ein «i» wie in Pinke-Pinke.)
Er hatte sie bei seiner damaligen Freundin Julie kennengelernt. Eva flog auf ihn. Max gab sich Mühe. Er führte sie nett aus … gab Julie den Laufpass. Und wandte sich neuen Wegen zu – die Wege führten zum Bankkonto. Und vor den Traualtar.
Max war nie ein grosses Licht gewesen. «Ein Loser», rümpften Evas Freundinnen die Nase. Er hatte zwei Lehren (Koch und Betriebskaufmann) abgebrochen. Und jobbte in einem Discount-Parfum-Job. Max sah gut aus. Und duftete herrlich – das genügte als Qualifikation.
Am Tag nach der Hochzeit klagte er über Migränen. Blieb zu Hause. Und die Parfumflacons haben ihn nie mehr gesehen. Er spielte nun Golf. Reiste in der Welt herum. Und fuhr heisse Schlitten.
«Der nutzt dich nur aus», unkten Evas Freundinnen.
«Er hatte einfach immer nur Pech …», entschuldigte sie ihn (und damit auch ihren gravierenden Fehltritt).
Manchmal spielten sie «Mensch ärgere dich nicht». Hier konnte sich Eva dann richtig ärgern. Sie war wie schon ihr Vater: der «Winner-Typ». Wehe, wenn er sie überholte. Beim Golf, beim Skat – immer dasselbe Drama.
SIE KONNTE NICHT VERLIEREN. Gut gelaunt war sie nur, wenn sie gewann. Und sie trickste sich mit allen Mitteln zum Sieg.

So auch am 6. Januar beim Königskuchen. Seit Jahren liess sie die Kugeln «leer» backen. Schob dann selber das harte Figürchen in die Kugel. Und markierte die mit einer grossen Rosine.
Max war dumm. Aber blöd war er nicht. Er hatte sie und ihre Tricks durchschaut. Seit Jahren schon. Und deshalb: ICH BRINGE SIE UM.
Die Rosinenkugel wurde mit Arsen gefüllt.
«Du darfst zuerst, Evchen», schnulzte er.
Sie schaute ihn merkwürdig an. Seufzte. Und wählte die Kugel.
«FREIHEIT!», jubelte es in Max. Er nahm sich die nächste Kugel.
Erst beim letzten Bissen entdeckte er die Rosine darauf. «Aber weshalb ...», hauchte er. Dann begann er zu keuchen. Eva blieb regungslos.
«Ein Arzt ... sofort ein Arzt ...», stammelte Max.
Aber er wusste, dass es zu spät war.
Jetzt lächelte Eva böse: «Eigentlich wollte ich dich heute einmal gewinnen lassen, mein Schatz. Ich bin es nämlich leid, mit einem miesen Verlierer zusammen zu leben. Doch wie ich sehe, hat das Schicksal deine und meine Pläne vereitelt ...»
Da war er auch schon mause...

Natürlich untersuchte die Polizei den Fall. Sie fand heraus, dass Max sich das Arsen über Internet beschafft hatte.
«Er wollte Sie killen ...», knurrte der Kommissar, «das war ein Sauschwein, dass nicht Sie die Kugel abgekriegt haben ...»
An der kleinen Abdankungsfeier erhob Eva das Glas auf Max: «Nett. Amüsant. Aber, na ja – ein Loser.»

Rote Schuhe

Er liebte Schuhe. Frauenschuhe. Das Wichtigste: Sie mussten rot sein. Mohnblumenrot. Das prägende Erlebnis hatte ein Seelenklempner auf die Kindergartenzeit datiert. Alle mussten da Finken mitbringen. Als Bruno diejenigen von Dora sah, verschlug es ihm den Atem. Es waren samtene Pantöffelchen in der Farbe von lodernden Flammen.

Bruno schaute entsetzt auf sein eigenes Schuhwerk: MANCHESTER-SCHLURBEN IN DER VERSCHISSENEN FARBE FRISCH GESETZTER HUNDEKEGEL.

Später sollte Bruno lernen, dass das Leben nur Frauen bunt auf die Füsse stellt. Männer sind diesbezüglich beschissen dran. Wenn sie sich wehren, gelten sie als Schwuchteln. Oder wie Ferrari-Toni (in seinen weissen Lackstiefeln) als Zuhälter.

Fünfundneunzig Prozent aller Männerschuhe sind in der Trauerfarbe eines Sargs. Oder sie gehen ins Wildschweinfarbene – dies in einer Zeit, wo das Braune noch immer den miesen Beigeschmack von schwarzen Stiefeln hat. Gabs je einen mohnroten Militärschuh im Felde? ODER GAR MIT HÖHEREM ABSATZ?

Nein.

Der Tritt in den Hintern unter Männern muss maskulin dreckig sein. SO ETWAS WÜRDE MIT ROTEN NAGELSCHUHEN AUS DEM RUDER LAUFEN!

Deshalb: coole Molchfarbentarnung.

Als Bruno Doras rote Schlappen sah, vibrierte er. Und wollte sie küssen (nicht Dora, die Schlappen!). Es gab ein zünftiges Hallo seitens der Kinderschultante. Sie empfahl kalte Umschläge vor dem Schlafen und eine psychologische Abklärung.

Mit zehn schrieb Bruno ganz zuoberst auf der Wunschliste fürs Christkind: «Rote Schuhe – so wie Tante Irmi sie hat ...» Das Christ-

kind lachte herzlich. Und brachte einen Fussball. Diesmal in der gebräunten Ledernuance eines italienischen Rettungsschwimmers.
In der Pupertätsphase blieb Bruno vor den Schuhgeschäften stehen. Frauenseite. Die Auslage machte da meistens neun Zehntel des Angebots aus. Bei den Männern: Sandalen von Kneipp. Und Knöchelhalter von Birkenstock. Es gab entsprechend wenig Frauen, die vor der Männerauslage stehen blieben.
Bruno also vor den neusten Pumps. Seine Augen fixierten die roten. Und er spürte das, was sein Vater ihm in der kurzen Aufklärungsminute, als er ihm das gebundene Heftlein «DU SOLLST ES WISSEN» überreichte, als «männliches Aufflammen» erklärte. So.

Er heiratete Brigitte. Oder eigentlich: Er heiratete ihre Schuhe. Brigitte hatte zwei Kästen voll davon. Und derweil sie in ihrer Yoga-Stunde die Mitte suchte, suchte Bruno nach den roten Modellen. UND AB GING DIE POST.
Einmal nur hatte er sie gebeten, bei ihrem Samstags-Sex die roten Hacken anzuziehen.
«BRUNO!» – das ging nicht mit ihrer Mitte im Gleichklang.
Es war dann ausgerechnet ein Paar blutrote Pumps, das ihm das Leben kosten sollte: Er sah die Hacken ... sah ihr schimmerndes Rot ... und riss auf seinem Velo einen abrupten Stopp.
Der Lastwagenfahrer hinter ihm hatte aufs Handy gesehen. Und nicht auf die roten Pumps.
Obwohl in Brunos letztem Willen handschriftlich festgehalten war, er wolle seinen letzten Weg in roten Schuhen gehen, hatte Dora entsetzt abgewunken. Sie streiften ihm Söckchen über. Cremefarbig. AUSGERECHNET!

Petrus erwartete ihn schon. Bruno hatte sich den Himmel wirklich verdient – ein Leben in braunen Schlurben war Hölle genug.
«Zieh die Söckchen aus!», lächelte Petrus vor dem goldenen Tor. «Dort sind deine Hausschlappen!»
Auf einer Wolke schwebten zwei Paar Pumps. Hochhackig. Und Rot. Bruno war im Paradies.

Hagelzucker

«KAAARL!» – Hildi stand im Hausgang. Ihre Arme waren mehlüberpudert. An ihren Fingern klebten Teigreisten. «Kaaarl – würdest du mal kommen? ABER SOFORT!»
Karl stand bei der neuen Mieterin. Er stand vielleicht etwas zu lange – jedenfalls spie Hildi Gift und Galle: «ICH RACKERE MICH HIER MIT GRÄTTIMÄNNERN AB. UND DU SCHLEIMST DICH BEI DIESER SCHNALLE EIN!»
Karl ging sofort in Deckung. «Ich bin der Hauswart. Ich musste ihr die Waschhausordnung erklären.»
«Karl – du bist ein alter Sabbersack. Kaum siehst du einen Rock, saftest du schon drauf los ...»
Hildi holte Luft:
«WEISST DU EIGENTLICH, WIE LÄCHERLICH DAS IST ... EIN MÖCHTEGERN-CASANOVA MIT ZWEIUNDACHTZIG, DEM DRITTEN HÜFTGELENK UND SCHLAFAPNOE?!»
Karl putzte sich die Brillengläser. Stellte den Hörapparat auf «out». Und wischte sich versonnen mit dem Brillentuch die Nasentropfen weg: «Sie heisst Nikola. Wusstest du, dass in Tschechien auch Frauen Nikola heissen können ...»
Hildi tobte:
«ICH WEISS NUR, DASS SIE ZU LANGE FINGERNÄGEL HAT. WIE SOLL SO ETWAS ANSTÄNDIG ARBEITEN? ... Du musst noch Hagelzucker besorgen. Ja, soll ich immer alles alleine machen?!»
Karl seufzte: «Ist recht, Hildi.»

Wie immer traf sich die ganze Familie am 6. Dezember zu Hildis Grättimännern. Karl hasste diese Familientreffen. Stets gabs Spannungen. Wie etwa an der Weihnachtsfeier bei Sohn Heinrich und diesem grässlichen China-Fondue.

«Sind das Saucen? Oder ist das eines dieser seltsamen Gemüse-Smoothys?», hatte Hildi beim letzten Mal die Schwiegertochter auf die Palme gebracht.

Die beiden lagen einander konstant in den Haaren. Seit Dorothee wieder an die Universität ging, um den Bachelor in Heimpsychologie nachzuholen, war eh Zoff angesagt: «Wäre es nicht sinnvoller, sie würde zuerst lernen, wie man eine anständige Suppe kocht, ohne einen Beutel zu öffnen?!»

Auch jetzt am Klausentag war die Stimmung geladen. Dabei lockte Hildis Grättimann verführerisch vom weissen Festtagstischtuch (bei Dorothee: Plastiksets und Küchenpapier für den Mundabwisch – mein Gott!).

Die Enkel quengelten: «Hats auch Fleischburger, Omi?»

UND DOROTHEE GAB GLEICH MAL DEN PFEFFER ZUM HONIG: «Weisst du eigentlich, wie giftig Hagelzucker für den Organismus ist, Hildegard … da muss sich keiner wundern, dass die Gelenke deines Gatten schlappmachen …»

Dies war der Moment, in dem Hildi ihr Kakaotässchen auf den Boden schmetterte und heulend den Tisch verliess.

«Das habt ihr jetzt davon», seufzte Karl. Und stellte die Lauscher wieder auf «out».

Dann: genervter Aufbruch der Jungmannschaft samt Eltern – und Hildi mit roten Augen zurück am Küchentisch. «Diese Dreckschleuder! Und was machen wir jetzt mit dem schönen Grättimann?»

«Fräulein Nikola …», wagte Karl den Vorschlag.

Zehn Minuten später sass die Mieterin aus Tschechien am Tisch. Sie nahm sich mit einem genüsslichen Seufzer das dritte Stück vom süssen Männerbauch. Und strahlte Hildi an: «Ist alles wie zu Hause … wir in Brno auch immer viel, viel Zucker auf Kuchen … schmäckt säääär gut, Frau Humbel! Zucker gesund für schönes Haut. Und Fingernäääägel …»

So wurde es doch noch ein netter Abend.

Später im Ehebett seufzte Hildi zu Karl: «So eine nette Person: Sekretärin mit vierzehn Monatslöhnen! DAS wäre für unsern Heinrich das Richtige gewesen …»

Aber Karl hatte die Hörapparate bereits auf dem Nachttisch abgelegt: «Ist recht, Hildi.»

Die Dogge

Sie wollte immer einen Hund.
ER NICHT.
«Hunde bringen Flöhe ...», argumentierte Wolfgang. «Und mit einem Hund findet man kein anständiges Hotel, Karla.»
Karla lächelte versonnen. Und sagte: «Ja ja, Wolfi.»
SIE SAGTE IMMER «JA JA». UND MACHTE DANN DOCH, WAS SIE WOLLTE.
Eine kluge Frau eben.

Wolfgang hatte ein Cauchemar aus seiner Kinderzeit nie richtig verarbeitet. Er war damals psychisch auf den Hund gekommen – oder eben: GEGEN DEN HUND!
Seine Mutter hatte den Kleinen zu einer Nachbarin geschickt. Wolfgang sollte ihr Beeren aus dem Garten bringen.
Vor der Haustüre knurrte ein Hund. Er war doppelt so gross wie Wolfi. Der Hund wollte weder Wolfgang. Noch die Beeren. Aber er wachte über seine Herrin. Deshalb: KNURRKNURR. Und Zähne zeigen. (Heute zeigen in der Werbung ja alle die Zähne. Aber bei Doggen sollte man doch aufpassen.)
Der Hund erhob sich. Wolfi zitterte. Er liess in Panik die Schüssel mit den Beeren fallen. Sauste davon. Wir wissen: Es ist immer dumm, einem Hund davonzurennen. Der jagt dann hinterher. Da kann die Nachbarin lange rufen: «PLUTO MACHT NICHTS – ER WILL NUR SPIELEN!»
Zu Hause bekam der Kleine den Arsch voll, weil er ohne Schüssel auftauchte. Und dann waren da nächtelang diese Horrorträume, die mit dem Zuschnappen von Pluto endeten.
NATÜRLICH HÄTTE WOLFGANG SPÄTER NIE SO ETWAS EINER PSYCHOTANTE OFFENBART. Dafür war er zu stolz. Er schob für seine Phobie Hundeflöhe vor.

«Wusstest du, dass Ulmer Doggen von den deutschen Fürsten als Kammerhunde gehalten wurden?», flötete Karla.

Das war Wolfi so was von wurst.

Als dann aber die kleine Ulmer Dogge ins Haus kam, war bald einmal Krieg um die Wurst. Karla nannte sie «Bubi». Das war ein Witz. Weil «Bubi» schon mit sechs Monaten so viel wog wie sechs Harassen Apfelmost. Bubi liebte seine Karla. Wenn jemand ihr zu nahe kam, fletschte er die Zähne. Und knurrte wie ein kaputter Staubsauger. Auf Wolfgang hatte ers besonders abgesehen.

«Brav! Bubi, brav!», zirpte Karla. Und zu ihrem Alten: «Jetzt stell dich nicht so saudumm an. Er spürt, dass du ihm keine Liebe entgegenbringst ...»

KEINE LIEBE? WOLFGANG HÄTTE DIE DOGGE AM LIEBSTEN IN DER WURSTMASCHINE GESEHEN.

Sie hatten bald einmal getrennte Schlafzimmer. Dann getrennte Wohnungen. Und schliesslich den Scheidungsanwalt. Als Trennungsgrund wurde «eine Ulmer Dogge» angegeben.

«EIN HUND IST KEIN SCHEIDUNGSGRUND!», urteilte die gestrenge Richterin (sie selber hatte einen grauen Pudel).

Wolfi hatte Unterhalt zu bezahlen.

Für Karla.

Und für «Bubi».

HUNDSGEMEINE WELT!

Haarschnitt

Er wollte nicht mehr.
FERTIG. AUS.
Hans schaute in den Friseurspiegel.
Seit über einem halben Jahrhundert hing der an der Wand. Schon sein Vater hatte davor Haare geschnitten, Schnauzer gestutzt, Bärte rasiert.
Es war keine Frage, dass Hans die Schere übernehmen würde.
Hatte er auch. Er spezialisierte sich auf Coupe Hardy. Und Bürstenhaarschnitt.
Es kam eine lange Zeit der langen Mähnen. Die totale Krise. Haarig!
Aber Hans hatte eine treue Stammkundschaft. Diese hatte mit Make-love-not-war-Ideen nichts am Hut. Sie wollten einen sauberen Schnitt. Und die Liebe ohne Trullala.

Dann starb die Kundschaft weg. Die Konkurrenz wurde immer grösser: «Die Türken servieren jetzt Kaffee und drücken die Preise!», tobte er in der Wohnung über dem Geschäft.
Emmi klopfte ihm auf die Schultern: «Qualität hat keinen Preis, Hans. Und du bist Qualität. Serviere doch Lindenblütentee. Wir haben Tonnen ...»
Hatten sie. Im Garten standen drei Bäume. Emmi dörrte Blätter und Blüten. Sie hätte die ganze Stadt damit bedienen können.
Dingdong.
Die Ladenglocke war auch noch vom Vater.
Paddy, der jüngste Enkel, hüpfte auf den Lederstuhl: «Jetzt schnitz mir mal diese Frisur hier, Opi – kannst du doch?»
«Klar», seufzte Hans. Und sah sich das Foto an, das sein Enkel aus einer Illustrierten rausgerissen hat:«Es muss oben viel und unten fast nichts sein – wie ein Pilz, Opi.»

OH JERUM!
«Das ist gegen jede Frisurenregel!», wetterte Opi.
«Aber modisch ...», gab der Enkel kontra. Und: «Ich gehe zu Ali. Der machts ...»
Ali war Konkurrenz. Und der Vater von Paddys bestem Freund Yusuf.
Fünf Minuten später schnipselte Opi tosend drauflos: «Verdammich – dafür bin ich nicht fünfundsiebzig geworden!»
«Magst du einen Tee, Paddy?» Emmi drückte ihren Enkel an sich.
Als er ging, kniff Paddy den Grossvater in die Arme: «Na also – geht doch ...» Und: «Danke für den Tee, Omi ...»
DINGDONG!
Hans wischte die Haare zusammen.
«Ich gebe den Laden auf – FERTIG!», wetterte er über dem Besen.
«Die Oper hatten wir doch schon, Hans ... was willst du danach machen? MIR ZU HAUSE AUF DEN FÜSSEN RUMSTEHEN?! Vergiss es. Ach ja, könntest du mir heute Abend eine blonde Mèche vorne reinfärben und ...»
«Ich kann ja auch noch grüne Farbe besorgen!», knurrte er.
«GUTE IDEE – TRINK EINEN TEE», grinste Emmi.

Am andern Tag dingdongte es schon früh. Yusuf stürmte in den Laden: «Cooler Schnitt von Paddy. Will ich auch. ABER MEIN VATER DARF MICH HIER NICHT SEHEN. Könnten Sie die Storen runterlassen ...»
Hans schnippelte. Emmi tauchte auf: «Magst du einen Tee, Yusuf ...?»
Dann dingdongte es konstant. Zuerst die Klasse von Paddy. Dann die ganze restliche Schule.
«Sie finden den alten Schuppen hier total abgefahren», flüsterte Paddy seinem Grossvater zu. «... und Omi mit dem Tee ist eine wirklich schräge Nummer!»
«Na dann», sagte der Opi. Und: «... ich habe heute neue Farbtöne bestellt. Ist ein heisses Grün dabei ...»

Herbstblumen

«WAAAALTI – könntest du mal mit dem Abfallsack ...?!»
Hildi stand in der Küche. Sie kochte Quitten zu Mus. Die letzten dieses Jahr. Und natürlich hatte sie die Früchte viel zu spät vom Baum genommen. Sie waren nun gelb. QUITTENGELB. Und jeder Banause wusste, dass Quitten jung vom Ast besser gelierten. Und mehr hergaben.
«Du hast die Quitten viel zu spät abgenommen ...», nörgelte er in Richtung Küchentür.
«WASISSSLOOS?» Hildi kam herbeigedüst. Sie wedelte mit der tropfenden Konfitürenkelle. Und trug eine Ärmelschürze voller Flecken.
Vor zwei Tagen hatte sie Hagenbutten zu Mus gekocht. Die Konfitüre blubberte etwas zu stark. Danach sah die Köchin aus wie eine abgestochene Mordleiche im Sonntagskrimi.
Walti schaute angewidert auf die Schürze. WO WAR SEINE TOP-ELEGANTE HILDI VON EINST GEBLIEBEN?

Als er sie an jener Juni-Party erstmals gesehen hatte, war ihm die Luft weggeblieben: eine blonde Schönheit. Sie tanzte in einer weissen Blouse Rock'n'Roll. Damals war sie noch unbefleckt.
Walti hatte sich sofort verliebt. Beim Slow Fox biss er sie ins Ohr. Und als er Hildi dann heiss an sich drückte und sie mit dem Schnauzer anblochern wollte, klebte sie ihm eine: «SO WEIT SIND WIR NOCH NICHT, MEIN LIEBER!»
Zwei Monate später erlag sie seinen Blumen, die er ihr täglich vor dem Kriegsdenkmal pflückte. Und ins Büro brachte ...
Es kam die erste Einladung: ein übertrieben hochgestyltes Restaurant, wo sie beide nicht wussten, wie man diese verdammten Scampi aus der Schale kratzen konnte.
Sie verliessen das Lokal. Und bestellten im Bahnhofbuffet Spiegelei mit Röschti.

Walti hebelte nun los: «Du hättest die Quitten jung nehmen sollen. Nicht so gelbe. Nur junge grüne sind gut. Und gelieren wunderbar ...»
«JETZT FANG DU NICHT AUCH NOCH MIT DIESEM JUNGWAHN AN!», tobte Hildi. Sie wedelte genervt mit der Kelle – sodass auch Waltis Brust wie «Tatort» aussah!
«Zieh dir ein frisches Hemd über!», bellte Hildi.
«UND WIRF DU DIR EINE SAUBERE SCHÜRZE AN ...», gabs ihr Walti zurück.
Sie stemmte die Fäuste in die Hüften: «ES GIBT EBEN LEUTE, DIE MÜSSEN ARBEITEN UND KÖNNEN NICHT EINFACH IM WEISSEN HEMD HERUMSPAZIEREN!» – Das war ein Tritt gegen seine Pensionierung.
Seit er pensioniert war, fühlte sich Walti als fünftes Rad am Wagen. Er sass in der Wohnung herum. Und wollte ein paar Verbesserungsvorschläge anbringen – etwa: «Ich zeig dir jetzt, wie man eine Geschirrwaschmaschine effizient einräumt und ...»
«WALTER!»
«... ich meine es nur gut. Gestern war ein Teller nach dem Spülgang noch immer ganz verkrustet und ...»
«WAAALTIII!» Es war der schwelende Kleinkrieg einer ausgelutschten Ehe.

Walti ging in das Italiener-Café an der Ecke. Und blätterte die Zeitung durch: ÜBERALL KRIEGE UND ANSCHLÄGE. (UND SEIN LIEBLINGSCLUB HATTE AUCH VERLOREN.)
MIESE WELT!
Auf dem Heimweg kam er an einem improvisierten Stand vorbei. Schüler verkauften hinter einem Holztisch Herbstblumen-Bouquets: «Für unsere Maturreise», strahlten sie.
Walti gab ihnen einen 20-Franken-Schein. Und drückte Hildi den Strauss in die Arme: «Herbstblumen! Ich liebe dich trotzdem ...»
Sie grinste: «Du hast den Abfallsack nicht runtergebracht ...»

Terrassen-Grill

«Kaaarl – sie tuns wieder!»
Karl lümmelte im Fernsehsessel. Er hatte die Beine auf dem Beistelltisch ausgestreckt. Und freute sich, dass die Velofahrer der Tour de France so sportlich strampelten.
«Kaaarl!»
Er stellte den Hörapparat auf «out».
Hilde kam hereingestürmt: «KANNST DU NICHT ANTWORTEN?! DIE TUNS WIEDER …»
Karl liess die Ohren auf «AUS». Und brummelte: «Schrecklich. Aber da kann man nichts machen …»
Eben war einer der Velofahrer gestürzt. Massenkarambolage: ein Haufen rasierter Beine und surrender Räder. Dann Bildschirm schwarz – Hilde hatte energisch den roten Knopf gedrückt.
«Jetzt hock nicht einfach da. TU ETWAS! Es geht nicht an, dass die Hubers immer grillieren. Der Rauch steigt direkt auf unsern Balkon. REDE MAL EIN DEUTLICHES WORT MIT DENEN …»
Karl mochte die Hubers. Die Frau trug gerne zu kurze Röcke. Und mit ihm hatte er schon einige Bierchen gezwitschert. Hilde jedoch waren die Mieter vom Stock unten dran ein Dorn im Auge. Besonders zur Grillzeit.
«JETZT GEH ZU DIESER HURE UND SAG, SIE SOLL IHRE WÜRSTE ANDERSWO BRATEN – NICHT UNTER M E I N E M BASILIKUM. KEIN WUNDER, DASS DER IMMER EINGEHT …»
«Du gibst zu viel Wasser», brummelte Walter. «Basilikum braucht ganz wenig und …»
«KARL – DU BIST EIN WEICHEI. DANN GEHE ICH EBEN SELBER!»
Hoppla!
Die Karambolage der Velofahrer hatte sich aufgelöst – die nächste war vor der Haustüre der Hubers programmiert …

Hilde drückte den Klingelknopf. Und liess ihn nicht mehr los.
Hanni Huber öffnete die Türe. Sie trug einen Mini-Jupe und Glimmerstrümpfe mit Naht. Überdies einen Wurstkehrer in der rechten Hand: «Was soll diese Klinglerei – hats Ihnen ins Gehirn geschissen?»
Hildes Puls hämmerte – sie sah den Minirock. Sie sah Sterne. Sie sah rot: «IHR RAUCH STINKT MIR ZUM HIMMEL. WIR HABEN SCHON TAUSEND MAL GESAGT, SIE SOLLEN DIE VORDERE TERRASSE FÜR IHRE SCHWEINEREIEN BENUTZEN. IN DER HAUSORDNUNG STEHT, DASS DIE MITBEWOHNER NICHT BELÄSTIGT WERDEN DÜRFEN. SCHON GAR NICHT ZUR RUHIGEREN GARTENSEITE HINAUS!»
Hanni Huber kratzte sich mit dem Wurstdreher am linken Glimmerstrumpf: «Zieh Leine – du alte Meckerziege!»
«WAAAALTER!»
Der war beim «Wort zum Sonntag» eingeschlafen!

Drei Tage später schleppte Hilde vom Gartencenter einen Grillrost heim. Sie pflanzte ihn auf der Terrasse auf – gab zünftig Brennstoff. Und rieb sich die Hände:«Diese primitive Kuh soll gerne mal schmecken, wie so eine verkohlte Wurst stinkt …»
Eine halbe Stunde später war die Terrasse schwarz – und die Wurst Kohle. Allerdings wollte es das Gesetz der Physik, dass der Rauch nach oben stieg. Und schon klingelte es. Es klingelte ohne Unterlass. Hilde öffnete genervt. Im Hausgang stand Erwin Schott vom dritten Stock: «Sind Sie nicht ganz dicht … oder haben Sie hier ein Krematorium eröffnet? Ihr Grill stinkt, dass Gott erbarm. Unsere Terrasse ist schwarz wie ein bayrisches Dorf. Sie wissen genau, dass man auf die Gartenseite hinaus nicht grillieren darf. So steht es in der Hausordnung …»
«Ja ja …», murrte Hilde.
«UND UNSER BASILIKUM GEHT BEI IHRER EWIGEN GRILLEREI AUCH IMMER EIN!», tobte nun Erwin Schott.
«Sie geben zu viel Wasser», sagte Hilde knapp. Und schlug die Türe zu.

P.S. Die bösen Hubers von unten waren übrigens in den Ferien.

Sudoku zum Frühstück

Sie sassen beim Frühstück.
Kaffee gabs in der Kanne. Filterkaffee. Sie kannten es nicht anders. Und sie wollten es nicht anders. Er las die Zeitung. Sie setzte Zahlen ins Sudoku. Schüttelte den Kopf. Biss auf den Bleistift. Gummelte eine Ziffer aus. Schüttelte wieder den Kopf, sodass sich einer der sechs groben Lockenwickler auflöste.
«Es hat schon genug Butter im Zopf, Karli ...», sagte sie, ohne aufzuschauen.
Karli hatte sich die weisswattige Brotscheibe fingerdick gestrichen. Legte mit Konfitüre nach. Und antwortete nicht. Die Konfitüre tropfte auf seine Finger.
«Nimm ein Stück Küchenpapier», sagte sie. Wieder ohne von ihren Ziffern hochzuschauen.
Sie waren nun fünfzig Jahre verheiratet. Die Kinder hatten es als Event gesehen. Und eine SURPRISE-PARTY organisiert. Olgi leistete sich einen neuen Hosenanzug. Trevira. Mit Stretch-Garn. «Das trägt nicht so auf», hatte die Verkäuferin gesagt.
«Dumme Gans!», hat Olgi gedacht. Und gelächelt: «Ich nehme ihn.» So wie sie das vor fünfzig Jahren zu ihrer Mutter gesagt hatte, als es um Karl ging.

Karl war nicht die erste Wahl gewesen. Sie hatte schon Max und Lucien hinter sich – das galt in jener Zeit bereits als leicht «verrucht». «Karl ist bodenständig. Eine Frau braucht einen Mann, auf den sie bauen kann ...», hatte die Mutter ihr beim Geschirrwaschen das Wort zum Tag vorgezetert. «... und du bist keine Neuware mehr!»
«Dumme Gans», hatte Olgi auch damals gedacht. Und gelächelt: «Ich nehme ihn!»

Er war kein Adonis. Schielte ins Ungewisse. Und hatte einen Bauch. Die Hochzeitsnacht wurde zur Katastrophe. Er war schon explodiert, als er ihr den Büstenhalter öffnete.
«Hol ein Küchenpapier», hatte sie gesagt.
Die Kinder waren ihre ganze Freude – die Kinder. Das Haus. Später Sudoku.
Von Max wusste sie, dass er es bunt trieb. «Thai-Weiber!», tratschte Olgis Mutter genüsslich herum. Und Lucien soll nach der Affäre mit Olgi das Ufer gewechselt haben (wie man damals so sagte). Sie hatte von den Ex-Lovern nie mehr etwas gehört.
BIS ZUR SURPISE-PARTY.
Karl sah in seiner alten Hochzeitshose aus wie ein gesottenes Würstchen kurz vor dem Platzen. Nun riss bereits die Naht – es war Horror pur. Aber: «… nach fünfzig Jahren Ehe brauche ich niemandem mehr zu gefallen!», hatte er gesagt. Und seiner Frau den Arm getätschelt: «… jetzt haben wirs hinter uns, nicht wahr, Olgi?»
Im Restaurant hatten sie Tischkarten mit goldenen Engelchen drauf. Die jüngste Tochter liess eine Hupe jaulen – sie war Event-Managerin in einer Warenhauskette. Und an diesem Ehrentag der «Chef de Plaisir», wie sie nach der Hupe lustig verkündete.
Dann: «Wir haben eine Tour d'Horizon durch euer Leben geplant!»
Überraschungskiste mit Überraschungsgästen – die uralte Frau Iseli, vom Gemüseladen. Olgi hat sie nie ausstehen können, weil die Iseli ihr stets ein paar angefaulte Äpfel in die Tüte geschmuggelt hatte. Dann Metzger Wendelin mit den rosigen Fingern. Und Kurts alter Chef, dieser falsche Schleimer.
Schliesslich kam auch Lucien. Und Max. Zumindest das, was von ihnen übrig geblieben war.
Lucien hatte teerschwarz gefärbte Haare und eine vergoldete Kuh im Ohr. Er sah aus wie Frankenstein auf einer Regenbogenparty.
Max brachte eine kleine Schwarze am Arm. Das hätte er nicht tun sollen. Sie lies ihn so uralt und käsig bleich erscheinen.
Als sie früh morgens ins Bett sanken, tätschelte Karl Olgis Arm: «Sie haben sich Mühe gegeben … aber ich bin froh, dass wirs hinter uns haben.»

«Ja», sagte Olgi. Und dachte an Lucien mit der Kuh im Ohr.
Am andern Tag sassen sie beim Frühstück.
Sie waren beide zufrieden.
Das Sudoku wurde nie gelöst.

Flughafen-Impressionen

Liz schaute zur Ankunftstafel.
«Fünfundvierzig Minuten Verspätung – ist ja klar!»
ALEX WAR IMMER ZU SPÄT!
Sie ging brummelnd zur Café-Bar an der Ecke.
Liz wartete auch dort.
Eine Schlange von philippinischen Nonnen blockierte die Kasse. Die Frauen hatten nur Dollars. Und die Kassiererin null Geduld.
Endlich wurden die Ordensschwestern von einem aufgeregt herbeiwuselnden Mönch erlöst. Liz stierte auf seine Füsse. Sie steckten sockenlos in Kneippsandalen.
«Ein Barfüsser», dachte Liz.
«Prego?», bellte die Kassiererin nun ziemlich scharf. Sie bellte schon zum dritten Mal. Und Liz schaute sie schuldbewusst an: «Un cappuccino, per piacere – molto caffè, poco latte …»
Sie war stolz auf ihr Italienisch. Seit zwei Monaten paukte sie hier in einer Sprachschule Grammatik, Verben und Konjugationen. Dass man in Italien ab vierzehn Uhr keinen Cappuccino mehr trinkt, hatte man ihr noch nicht beigebracht.

Als Alex und Liz nicht mehr weiterwussten, gingen sie in die Eheberatung.
«Seit die Kinder aus dem Haus sind, ist irgendwie die Luft draussen …», hatte Liz der etwa dreissig Jahre jüngeren Diplom-Psychologin geklagt. «Wir reden kaum miteinander. Hocken schweigend vor den Spiegeleiern. Und streiten auch nicht mehr – höchstens noch ums Fernsehprogramm. Aber seit Alex die Fussballspiele im Schlafzimmer schaut, ist auch da nichts mehr los …»
Die Psychologin hatte alles im Raum stehen lassen – auch die Frage, weshalb im Schlafzimmer nichts mehr los sei.

Nach zwölf Sitzungen war sie zum Schluss gekommen: «Eine kleine Veränderung würde helfen, die Mitte zu finden … trennen Sie sich für eine kurze Zeit. Nehmen Sie einen Malkurs in Paris …»
«Ich bin keine Blümchenpinslerin …», hatte Liz ärgerlich den Kopf geschüttelt. «… und wer soll zum Garten schauen?!»
«Ich», hatte ihr Mann geantwortet. Und dann: «… du wolltest doch immer mal Italienisch lernen!»
So war sie nach Rom gekommen. Lebte seit sieben Wochen hier. Und genoss jede Sekunde.
Anfangs hatte sie Alex täglich angerufen. Drei Mal. Sie gab ihm durch, wie er die Rosen zu düngen und den Rasen zu wässern habe. Dann wurden es immer weniger Telefonate. Sie stürzte sich in ihr neues Leben. Und wenn sie ihn jetzt anrief, hatten sie einander viel zu erzählen. Er von den Rosen. Sie von den Preisen in Rom.
Nun hatte er sich angemeldet. Die letzte Woche wollten sie gemeinsam in Rom verbringen. Liz war sich nicht sicher, ob sie sich darüber freuen sollte.

Sie wartete erneut bei den «ARRIVI». Eine kleine Signora neben ihr schaute immer wieder zu den herausströmenden Passagieren. Sie zerknüllte nervös ihr Papiertaschentuch.
«Ich warte auf meinen Mann», erklärte sie nun Liz auf Italienisch. Diese verstand nur, dass er mit der Tochter in München sei: «Bei einem Spezialisten … todkrank … letzte Hoffnung …»
Plötzlich rief die Frau schrill: «CARLO!»
Ein weisshaariger Mann kam langsam auf sie zu. Er hatte verweinte Augen.
«Dovè – wo ist Anna?!», flüsterte die Signora nun.
Liz hörte den entsetzlichen Schrei. Die Frau sank in den Armen ihres Mannes zusammen. Sie schrie jetzt pausenlos.
Tränen kullerten über Liz' Wangen.
Jemand nahm sie von hinten in die Arme: «Du hast mich nicht einmal gesehen …»
Sie fühlte die kräftigen Arme von Alex.
«Ich habe dich schrecklich vermisst», flüsterte er.

Sie drückte ihn an sich und schloss die Augen.
Schweigend verliessen sie später den Flughafen.
Draussen schien die Sonne.

Fremdgegangen

Er war fremdgegangen.
SHIT. SHIT. SHIT.
Nun sass er beim Frühstück. Weiss wie das Drei-Minuten-Ei. Und ebenso schweigsam.
«Etwas bedrückt ihn ...», dachte Eva und schob Otto den Salzstreuer hin. Sie wusste, dass er die Eikuppe immer mit Salz berieselte. Nur die Eikuppe. Sie wusste alles über ihn. Fast alles.
«Hast du wieder Magengrimmen ...?» Eva nahm seine Hand. Und streichelte sie.
«Nein, Liebes – alles paletti», sagte er. Aber die Stimme war belegt. Und die Stimmung auch.
Nun lachte Eva auf: «Ich kenne dich doch: Du hast gestern beim Jassen verloren. Stimmts?»
Stimmte nicht. Er hatte gewonnen. Und dies, obwohl Hugo sein Partner gewesen war. Hugo war die absolute Niete in der Jassrunde. Aber gestern hatte er dies mehr als wettgemacht: drei Mal vier Bauern! Am Schluss feierten sie an der Bar: zwei, drei Bierchen. Dort sass das Mädchen. «Studentin», hatte sie gesagt. Und dass sie Geld brauche. Deshalb schaffe sie an. Es wurde dann das, was man gemeinhin einen «flotten Dreier» nennt.
Diesbezüglich war Otto Jungfrau. Hugo nicht. Die Jassniete hatte mit diesem Spiel überhaupt ganz grosse Erfahrung – und die Hand voller Trümpfe.
OTTO BLIEB KEIN STICH.
«Es ist diese Grippe ...», überlegte Eva stumm. Anneliese hatte ihr gestern erzählt, die ganze Familie sei krank. Das Virus jage durch die Stadt. Sie streichelte noch immer Ottos Hand.
«ARMER ALTER OTTO!», dachte sie. Und beschloss, die Sache mit ihrem Geständnis zu verschieben.

Sie hatten zwar vor achtunddreissig Jahren am Altar geschworen, einander immer alles zu erzählen. Aber ihr kleiner Fehltritt hätte Otto nur aufgeregt. Und Aufregungen waren bei Grippe des Teufels.
Am Mittag ging Otto in das Geschäft, wo Eva diese verdammte Tasche gesehen hatte. DER PREIS WAR EIN SKANDAL! Und dies nur des berühmten Logos wegen.
«Alle haben doch so eine», hatte Eva gemault.
«Alle» hiess hier: ihre Freundin Anneliese – eine richtige Tussi, die ihren faltigen Hals mit Label-Schals zudeckte. Na ja.
Am Abend gabs Frikadellen. Otto liebte Frikadellen. Und Eva wusste das. So wie sie eben alles von Otto wusste. Fast alles. Mit den Frikadellen wollte sie ihr Geständnis dann abfedern. Und …
«Eva – ich habe dir heute etwas gekauft!», lächelte er.
Als sie die elegante Tragtasche mit der Goldschrift sah, erschrak sie. «OTTO – ABER DOCH NICHT ETWA …?» Sie packte den Inhalt nicht einmal aus. Sie weinte Rotz und Tränen. Dann schluchzte sie auf: «Ich muss dir ein Geständis machen …»
Eine eisige Hand griff nach ihm.
WER WAR DER SAUHUND? Ihr koreanischer Yoga-Trainer? Oder – noch schlimmer! – Schwager Max, der seit einem Jahr als Witwer aufblühte?
Sie streichelte jetzt wieder seine Hand: «Ich habe gestern die Tasche auch gekauft. Heimlich. Ich wollte es dir heute morgen beichten. Aber du sahst so krank aus und …»
Otto nahm sie in die Arme. Dort weinte sie, bis ein kleiner Rauch aus der Küche Eva alarmierte: «DIE FRIKADELLEN!»
Als sie das Schwarze abgekratzt hatte und die Fleischküchlein servierte, schaute er sie liebevoll an: «Mein Lieblingsessen!»
Eva strich ihm übers schüttere Haar: «Ich kenne dich doch durch und durch …»
«Ja», strahlte er.
Und liess sie im Glauben.

Escort-Boy

Er empfing die Kundinnen immer im dunkelblauen Anzug. Dazu Krawatte. Meistens Hermes.
Vor jedem neuen Treffen war er aufgeheizt wie ein pubertierender Schüler. Auch jetzt. Er spülte sich den Mund mit Listerine. Sprayte sich mit der schwarzen Duftnote von Parma ein. Und fackelte die Kerzen an.
In zehn Minuten sollte «Kätzchen 69» hier sein.
Wie alle seine Kundinnen kam auch «Kätzchen 69» durch ein Sex-Portal zu ihm. Das Anonyme im Internet machte die Sache noch heisser. Und Anonymität war wichtig. Ralf war verheiratet. Man konnte sagen: GLÜCKLICH VERHEIRATET.
Liz war eine schöne Frau. Vielleicht etwas kühl. Aber bei einer Meeresbiologin herrschte wohl eben immer leicht Untertemperatur. Ralf arbeitete als Programmierer für eine Computer-Firma. Den Escort machte er nebenher: «LATIN LOVER ERFÜLLT DEINE GEHEIMEN WÜNSCHE.» So pries er sich feurig in einem einschlägigen Internet-Portal der Damenwelt an.
Seine sizilianische Grossmutter aus Palermo rechtfertigte die südländische Propaganda «Latino». Sein Vater war allerdings aus Sursee. Dachdecker. Er hatte keinen Schimmer, dass sein Sohn ebenfalls deckte. (Wenn auch keine Dächer.)
Es ist nicht so, dass Ralf beim Sex mit Liz zu kurz gekommen wäre. Aber nach zehn Jahren war alles ein bisschen ausgelutscht. Nun ja, wie ein Stück Süssholz, an dem man zu lange gekaut hatte.
Die Freundinnen von Liz hatten ihn stets angemacht. Aber sie waren tabu. Er wusste, was er seiner Frau schuldig war – da steckte noch immer ganz Sizilien in ihm: absolute Treue.
Die Klientinnen zählten nicht als Ehebruch. ES WAR EINE REINE BUSINESS-ANGELEGENHEIT. Er betrachtete die (zumeist älteren

Frauen) wie Computer-Aufgaben: Er gab sein bestes Programm. Hatte Spass dabei. Und ein Bankkonto, von dem Liz nichts wusste.

Ralf hatte sich in einem andern Stadtteil eine Zweizimmerwohnung gemietet. Die Kundinnen empfing er nach Feierabend. Da Liz in ein Forschungsprogramm über Chlorophyll bei griechischen Seegräsern involviert war, war sie dankbar, wenn er sie nicht störte. Sie hockte meistens bis kurz vor Mitternacht über ihren Mikroskopen. Wenn er dann etwas ausgelaugt nach Hause kam, bereitete er ihr ein kleines Omelette zu – mit einer Kräuter-Quark-Füllung (auf die er sehr stolz war).
Sie sassen am Küchentisch. Genehmigten sich noch einen Schlummerschluck. Und waren glücklich. Zumindest: zufrieden.

Es klingelte.
«Dritter Stock», meldete sich Ralf durch die Gegensprechanlage. Und: «Es hat einen Lift.»
Ein Lift war beim Alter seiner Kundinnen ein «must». (Sein erstes Escort-Nest hatte im fünften Stock eines Altbaus gelegen. Dem Glücksmoment war stets ein mühseliges Holztreppensteigen vorangegangen. Einige der Kundinnen musste er als Erstes eine Coramine-Tablette lutschen lassen.)
Er hörte das «Dlaggdlagg» von High Heels. Dieser Moment, bei dem alles noch in der Schwebe war, wo er nicht wusste, ist sie alt oder sehr alt, jung und dick, blond oder gefärbt … dieser Augenblick der Fragezeichen erregte ihn immer wieder neu.
Die Frau trug einen Hut mit dunklem Schleier.
«Ich bin Kätzchen 69», flüsterte sie.
Dann lüpfte sie das Tuch: «Hallo, Ralf – schön, dich zu treffen. Ich dachte, vielleicht ist er hier besser als daheim …»
Ralf wankte, als Liz ins Studio trat: «Ach so – und wenn wir schon dabei sind: Könntest du deine Omeletten nicht mal mit etwas Neuem füllen …?»

Fahrausweis

«PASS DOCH AUF, DU DEPP!» Ilse war wieder mal schrill drauf.
GESTÄNKER. GESTÄNKER.
Urs wusste, was kommt. Spätestens in zwanzig Sekunden würde sie mit dem Fahrausweis anfangen.
Und BINGO: «… es ist wirklich allerhöchste Zeit, dass du den Schein abgibst. Um ein Haar hättest du diese Katze zu Brei gefahren. Es hätte unsere Amanda sein können. Mit einundachtzig ist deine Reaktion gleich zero …»
Blablabla.
Gestänker. Gestänker.
Seit über fünfzig Jahren ging sie ihm mit ihrer Meckerei auf die Eier. Aber beim Autofahren wars am schlimmsten. Ilse redete mit. Sie redete drein. Und ganz arg: Sie griff ihm kreischend ins Steuer. So hatten sie schon gemeinsam den Gartenzaun der Hubers wegradiert.
«Lass die Hände bei dir. UND HALT ENDLICH DEN MUND!», brüllte jetzt Urs.
«Ich steige aus!», brüllte sie zurück.
«UND WIE WILLST DU DENN OHNE ROLLATOR HEIMKOMMEN?!», gab ers ihr zurück.
Die Stimmung war gereizt. Als dann auch noch das rote Warnlämplein aufleuchtete, tobte Urs: «JA VERDAMMMICH – DAS HAST DU JETZT DAVON!»
«Was ist das?»
Urs wusste es auch nicht. Er kannte sich mit der Mechanik seines Wagens nicht aus. Und Gebrauchsanweisungen blieben in Folie verschweisst ungeöffnet im Beifahrerfach.
«DAS IST DIE WARNLAMPE FÜR DUMME GOSCHEN!», tobte Urs.
«Halt an, du Arsch!», zischte Ilse zurück. «ABER SUBITO!»
Er bremste am Strassenrand.

Mühsam schälte sich Ilse aus dem Sicherheitsgurt. Dann orgelte sie langsam aus dem Wagen.
«Bitte!», höhnte Urs süffisant. «Vielleicht nimmt dich ja die Müllabfuhr mit …»
Es war der gehässige Ton einer ausgeleierten Ehe.
«HIER KÖNNEN SIE NICHT PARKEN!», erklärte eine Frauenstimme sehr bestimmt.
«HALT DEN RAND!», war Urs gleich wieder auf hundert.
Dann war Stille. Gefährliche Stille.
Erst jetzt sah Urs, dass die Stimme von einem weiblichen Strassenaufsichtsorgan kam. Breitbeinig stand die Polizistin da. Stemmte die Hände in die Hüften. Und befahl gefährlich leise: «Ihren Fahrausweis, bitte!»
Die Busse war saftig. Und: «Sie können froh sein, dass ich Ihre Bemerkung überhört habe, guter Mann … in Ihrem Alter gehören Sie eh nicht mehr ans Steuer …»
«Hähä», verhöhnte Ilse ihren Mann schadenfroh und hielt sich an der Parkverbotstange fest. «MEINE WORTE!»
Urs fuhr wütend heim. Und rasierte bei der etwas arg engen Einfahrt den gipsernen Zierfrosch ab.
«Das war ein Geschenk von Tante Ortrud», hörte er die schrille Stimme seiner Ehefrau.
Dann ging er in die Beiz. Und liess sich volllaufen.
Später kehrten beide wieder zum normalen Alltag zurück: Wortgefechte. Sticheleigemetzel. Und der Gipsfrosch, der mit abgeschlagenem Kopf als schreiender Vorwurf auf dem Garderobentischlein stand.
Mittwoch war dann Theater.
«Mach das Fenster runter. Ich dirigiere dich aus der Garage!», gab der Feldmarschall den Befehl durch.
«Das kann ich auch alleine!», knurrte Urs.
Er sah im Seitenspiegel, wie Hilde mit der Hand nach rechts wedelte. Dann nach links.
Dann verdrehte sie die Augen. Und dirigierte ihn wieder zurück.
Schliesslich schrie sie: «HAAALT! DIE KAAATZE …»

Urs stieg abrupt aufs Pedal. ALLERDINGS AUFS FALSCHE.
Es gab ein fürchterliches Gepolter.
Und dann war Stille.
Ruhe für immer.
(Immerhin: Die Katze überlebte.)

Lucie und Leo

«Hallo, schöner Mann?» Die alte Frau mit den weissen Locken strahlt Leo am weiss gedeckten Tisch an.
«Hallo, schöne Frau», lächelt er leise zurück.
Die Frau streicht kokett über die Stirn: «Wer bist du denn?»
Es ist wie ein Messerstich. IMMER. Leo spürt diesen Stich jedes Mal, wenn Nelly ihn fragt, wer er sei.
«Ich bin dein Mann», sagt Leo.
«Mein Mann ist tot», knurrt Lucie gereizt. Und verärgert: «Alle sind tot …»
«Hallo, schöner Mann …» – so hatte Lucie damals auch Leo angelacht. «Damals» war vor mehr als fünfzig Jahren.
Er hatte einen Maskenball besucht. Ein junges Larvengesicht mit schillerndem Taftkleid und einem rotem Schmollmund wirbelte an den Tisch. Die Maske strich Hans über sein damals schon sehr mageres Haar: «Hallo, schöner Mann – magst du tanzen?»
Es war der Anfang ihrer Liebe. Und ihrer gemeinsamen Geschichte.
Als sie nach Mitternacht die kalkweisse Larve vom Gesicht nahm, sah er diese strahlenden nussbraunen Augen. Sie versprühten Feuer wie zwei Vulkane. Es waren diese Augen, in die er sich sofort verliebte.
Ein Jahr später heiratete er Lucie.
Leo machte Karriere als Prokurist einer Essigfabrik. Sie führte den Haushalt. Und verwöhnte ihren Mann nach Strich und Faden. Ihre Kochkünste waren legendär. Sie hätten gerne Kinder gehabt. Zwei Mal gabs eine Frühgeburt. Dann hatten sie keinen Mut mehr. Und gaben die Sache auf: «Wir genügen einander», schmiegte sich Lucie an Leo.
Als Leo in Pension ging, widmete er sich seinem Hobby: dem Fotografieren von Pflanzen. Die Mitarbeiter hatten ihm zum Abschied eine teure Fotografenausrüstung gekauft. Somit war er rundum beschäftigt.

Lucie wars recht. Sie führte weiterhin den Haushalt. Und abends erzählten sie einander ihren Tag.
Anfangs – so hat Leo später der Fachfrau von der Alzheimervereinigung anvertraut – habe er nichts gemerkt. Er sei nach Hause gekommen. Lucie sei mit dem Essen noch immer nicht fertig gewesen. Das passierte jetzt öfters. Sie stand einfach verwirrt in der Küche. Und in ihren nussbraunen Augen war so etwas wie Panik.
Erst als die Herdplatte glühte und Lucie sich vor der Fernsehkiste seelenruhig «Sesamstrasse» reinzog, wusste Leo: «Da stimmt etwas nicht!»
Seither sind Jahre vergangen – und das Leben von Leo hat sich verändert. Er ist es, der nun den Haushalt führt. Und seine Frau verwöhnt. Lucie schaut ihm dabei geistesabwesend zu. Nur manchmal fragt sie ihn: «Was tun Sie mit meinem Staubsauger, guter Mann?»
Da spürt er dann wieder diesen Stich.
In der Selbsthilfegruppe hat er dann erzählt: «… ich konnte früher kein Ei kochen. Heute ziehe ich einen perfekten Käse-Makkaroni-Auflauf aus dem Ofen. Lucie ist eine Feinschmeckerin. Sie hat Essen und Kochen immer geliebt. Wenn ich ihr meine Kreationen auftische, strahlen ihre Augen wie früher. Nur schon für diesen wunderbaren Augenblick haben sich die Kochstunden gelohnt …»
Heute serviert er Lucie ein Filet im Teig. Eine Herausforderung – Filet im Teig hatte er noch nie auf dem Menüplan.
Lucie schaut interessiert zu, wie Leo das Filet tranchiert.
Schliesslich balanciert er den Teller vor sie hin: «Hier, Lucie!»
Sie strahlt wie die Sonne: «Vielen Dank – wer sind Sie, schöner Mann?»
Leo streichelt ihr über die silbernen Haare.
Und geht in die Küche.
Damit sie nicht sieht, wie er weint.

Goldene Hochzeit

Karl rumpelte in der Küche herum.
Irma spürte eine tiefe Rührung in sich aufkommen. Karl war nämlich ganz und gar nicht der Hausmannstyp. Schon eher das Gegenteil – so ein kleiner Herumstänkerer («Hatten wir Fleischvögel nicht erst letzte Woche?») und sturer Rechthaber («WIDERSPRICH MIR NICHT IMMER – was da wächst, ist eine F ö h r e und keine Pinie!») Dazu war er eine grobe Dreckschleuder, wenn es um ihr Outfit ging: «In diesem Pullover bist du so unförmig wie ein Nilpferd, Irma!»
Irma mochte Nilpferde. Und weil sie ein nilpferdgrosses Herz hatte, überhörte sie Karls Taktlosigkeiten. Auch würde sie nie im Traum daran denken, ihren Göttergatten auf seinen Haarausfall oder auf seine immer fetter wuchernde Warze neben der Knollennase aufmerksam zu machen.
KARL HATTE EBEN SEINE MACKEN!
Und zeig mir diese Ehefrau, die mit einem Gatten ohne Makel gesegnet ist. Perfekte Männer gabs nur in Schwulenbars oder in Werbespots für Partnersuche.
IRMA MACHTE SICH DA NICHTS VOR: KARL WAR EIN ARSCHLOCH WIE ALLE ANDERN AUCH.
Aber – wie gesagt – sie liebte ihn. Bedingungslos.

Und jetzt vernahm sie im Bett also ein Gerumpel in der Küche. Dann das Zischen der Kaffeemaschine. Schon liess ihr die Rührung im Nilpferdherzen Tränen in die Augen schiessen.
HEUTE IST NÄMLICH IHR BEIDER GOLDENER HOCHZEITSTAG!
Das ist ja nicht nichts. Und wie sehr Irma auch George Clooney verehrte, musste sie zugeben, dass der Frauenwechsel rund um seine Nespresso-Kapseln krass ausfiel. Da war ihr Karl doch lieber –

fünfzig Jahre Beständigkeit. BESTÄNDIGKEIT MIT MUNDGERUCH. ABER IMMERHIN. Fünfzig Jahre treu wie ein alter Dackel, der nicht mehr mit dem Schwanz wedeln mag.
Als sie Karl vor vier Monaten auf das Ereignis aufmerksam machen wollte («Ist das nicht verrückt ... fünfzig Jahre ... vielleicht sollten wir eine kleine Einladung ...?»), da ruderte der allerdings gleich durch: «DU SPINNST – DAS IST EIN TAG WIE JEDER ANDERE AUCH. WIR POSAUNEN DOCH NICHT ÜBERALL HERUM, WIE ALT WIR SIND ...!»
Und nun hatte er den Tag doch nicht vergessen!
Sie war jetzt so aufgeregt wie damals, als er sie das erste Mal zu einem Nachtessen abgeholt hatte. Sie hatte sich dauergewellt und aufgebretzelt, sie hatte gar ihr mageres Sekretärinnen-Salär in ein Set mit schwarzen Dessous investiert. UND WAR GESPICKT MIT ERWARTUNGEN UND LIEBE.
Er führte sie auf seiner Vespa vor ein Reihenhäuschen: «Hier bin ich daheim, Irma – immer noch bei meiner Mutti. Keine kann Frikadellen so gut wie sie ...»
Die Dessous blieben unbeachtet.
Und Irma litt zwei Tage an Blähungen, weil Muttis Frikadellen reichlich mit Zwiebeln gewürzt worden waren.
Irma spürte einen Klotz im Hals, als Karl mit zwei Kaffeetassen anzitterte – er hinkte jetzt. Und litt an partiellem Parkinson.
Doch seine Augen blitzten wie vor fünfzig Jahren: «Hallo, Kleines – mir ist, als wäre es gestern gewesen, als wir im Dom von Mariastein vor dem Altar standen ...»
«Es war in Frybourg, Karl ...»
«WIDERSPRICH NICHT IMMER – ES WAR IN MARIASTEIN. KÖNNTEST DU DIR ZUR FEIER DES TAGES ZUMINDEST ETWAS ANSTÄNDIGES ANZIEHEN?!»
Wie gesagt: ER: ein Riesenarmleuchter.
SIE: ein Herz so gross wie ein Nilpferd.
DIE GEFÜHLSWELT IST EIN RÄTSELBUCH MIT GLEICHUNGEN, DIE NIE AUFGEHEN – und die nur der liebe Gott versteht.

Frau -witsch

Hilde zupfte ein paar der abgewelkten Geranien aus der Blumenkiste. Die Tauben hatten auf der ganzen Terrasse beschissene Grüsse hinterlassen. UND AN DEM TÖPFCHEN MIT DEM BASILIKUM KLEBTE DOCH TATSÄCHLICH EINE SCHNECKE! Weiss der Teufel, wie die auf den Balkon klettern konnte.
Hilde atmete tief durch. Der Balkon war ihre Welt. Und diese Welt liess sie sich nicht durch Taubenschiss und diesen Schleimer von Schnecke durch den Dreck ziehen!
Sie holte ein Küchenpapier. Zupfte das flutschige Tier vom Plastiktöpfchen weg. Und wollte die Sache eben über das Geländer entsorgen, als sie es sah: «KAAAAARL – SIE LIEGT SCHON WIEDER DORT!»
Wir alle wissen, dass Karl morgens um neun den Hörapparat noch immer auf «stumm» gestellt hat.
«KAAAARL – DIESE SAU IST WIEDER DRAUSSEN!»
Der Dahindösende wurde heftig durchgeschüttelt. Unwillig tasteten seine Hände zum Nachttisch, auf dem die Dritten im Zahnglas badeten: «WAS IST LOS – HILDI?»
Die Gattin stemmte die Fäuste in die Hüften: «DIESE DRECKSCHLEUDER TUTS SCHON WIEDER: OBEN OHNE. UND UNTEN NUR GANZ KNAPP – DABEI HABEN WIR AN DER LETZTEN MIETERVERSAMMLUNG ALLE PROTESTIERT …»
«Alle? – Das waren lediglich die Gygax und du», müffelte Karl gereizt. Dann rappelte er sich stöhnend hoch: «Da werde ich wohl mal nach dem Rechten sehen müssen …»
«KARL!», der Ton war misstrauisch. «Ich hoffe doch fest, du gehst jetzt nicht einfach nur dorthin, um ein Auge vollzunehmen. Du gibst dieser Hure aus dem Osten den Tarif durch. Und dass so eine Sauerei in unserem sauberen Westen nicht geht! ABER GAR NICHT!»

Seufzend hangelte Karl nach seinen Pantoffeln: «Dann stelle ich halt jetzt diese arme Frau!»
«DAS HOFFE ICH DOCH SEHR. SCHLIESSLICH BIST DU ABWART», antwortete Hildi schneidend, «UND ZIEH DIR ZUMINDEST DIE OBEREN REIN ... SONST VERSTEHT DIESE SCHLAMPE DOCH KEIN WORT!» Die fürsorgende Gattin schob ihm eine Reihe makelloser Porzellanbeisser zu.

Karl klingelte.
Natürlich hatte sie kein Namensschild. Karl wusste nur, dass es etwas mit «-witsch» war.
Da stand sie auch schon. Ein schweres Parfum haute Karl schier um. Frau -witsch hatte sich ein hauchdünnes Kunststoffröckchen übergezogen. Und der Abwart kam ins Stottern:
«Liebe, gute Frau (grummelgrummel) -witsch. Ein paar Bewohner regen sich darüber auf, dass Sie in der Sonne liegen und ...»
Frau -witsch strahlte wie die eben heraufbeschworene Sonne: «Ist letztes Sonnentag in September ... das nutzen aus ...»
«ISSJAGUT», hustete Karl heiser, «aber vielleicht könnten Sie ... ich meine: ein Höschen ... ein Röckchen ... und oben ein Tüchlein und ...»
«KAAAARL!» Es hallte durch den ganzen Hausgang.
Frau -witsch lachte. «Aha – verstehen ... ist Frau, wo machen Theater ... aber gutes Frau ... immer putzen Dreck von Vögeln weg ...»

Hilde wartete unter der Türe. «Was hat die Schlampe gesagt?!»
Karl schaute seine Gattin lange und ungläubig an: «Du seist eine gute Frau ...»
Hilde kippte die Kinnlade runter.
Abends klingelte es bei Frau -witsch. Hilde hielt ihr ein Stück von der frisch gebackenen Apfelwähe entgegen: «... es tut mir leid. Aber Ordnung muss halt sein! Zumindest bei uns in der Schweiz.»
«Bist gutes Frau ...», lächelte Frau -witsch.
Am andern Tag regnete es. Frau -witsch lag nicht auf dem Balkon. Aber am Basilikum hingen drei Schnecken.

Mach die Fliege!

Er war mitten in einem Mord. Er kannte jeden Schritt. Wusste: Jetzt kommt das Gift in den Wein. Genüsslich blätterte Hans auf die nächste Seite.

Miss Marple strickte an einer Socke. Sie strickte schon zum sechsunddreissigsten Mal an dieser Socke. Denn Hans hatte den Krimi bereits sechsunddreissig Mal gelesen.

Hans liebte Miss Marple. Er liebte Agatha Christie. Und er liebte die Krimis – auch wenn seine Nichten und Neffen die Nasen rümpften: «Man könnte doch wirklich etwas mehr literarisches Niveau von dir verlangen, Onkelchen … immerhin hast du eine A-Matur. Und hast du nicht auch den friedlichen Buddhismus studiert?!»

Sie lächelten dann gutmütig – so wie man es einem leicht vertrottelten Greis freundlich nachsah, wenn ihm die Drittzähne schaukelten.

Hans war ein friedfertiger Mensch. Morde fanden nur in Agathas Schinken statt. Ansonsten: barmherzige Seele, die selbst eine ertrinkende Biene aus dem Fischweiher zog.

Mit sechzehn Jahren wurde er Vegetarier. Und machte seine Mutter madig: «Ich esse keine Spaghetti mit Hackfleischsauce!»

Sein Glaube ans Gewaltlose ging so weit, dass er alle Tiermorde verabscheute. Schon als Kind hatte er seine Mutter angefleht, diesen Mantel mit den reihenweise aufgenähten Nerzen NIE zu tragen.

Sie hatte ihm nur einen Klaps auf das Hinterteil gegeben: «Aha –dann kaufe ich mir eben einen Biber!»

Mit ihr war nicht zu diskutieren.

Später, als er sich mit dem buddhistischen Glauben befasste, hat er ihr oft klarzumachen versucht, dass in den Tieren vielleicht irgendein Ahne stecken könne … Sie hatte abwesend gelächelt. Und davon geträumt, wie es wäre, ihre Schwiegermutter als Pelz am Hintern zu tragen.

Miss Marple wurde in ihrer Strickerei gestört. Das Hausmädchen meldete die Nachbarin.
Auch Hans wurde gestört – «ummmmmm», machte eine Fliege. Seit einer Woche flogen ihm die Fliegen im Chalet die Stube ein. Immer wenn die Bauern vor seiner Stube die Gülle frisch ab Fass auf die Matten spritzten, war das für die Fliegen wie «Oktoberfest» für Bayern: RIESENFETE. SAUPARTY!
Nachts dann im Chalet: «ummmmmm …»
«Na. Na. Na», drohte Hans nun dem Biest, das auf Seite neunundzwanzig herumbummelte.
«Ummmmmmm», sagte diese.
«MACH DIE FLIEGE!»
Nun wurde Hans doch etwas stinkig.
Er griff zu einer Zeitung. Schlug zu. Und: «Ummmmm», lachte die Fliege.
Hans verfolgte sie jetzt unbarmherzig – wie Miss Marple die Mörder. Nur weniger logisch. Es schien, dass diese Fliege mega klug war. VON WEGEN FLIEGENHIRN! Wenn ihr das Geklatsche mit der Zeitung zu bunt wurde, flog sie einfach eine Runde höher. Dorthin, wo der etwas klein gewachsene Hans diese verdammte Fliege nicht erreichen konnte.
ABER WARTE! Nun war in ihm eine Mordswut erwacht. Er holte den Esstischstuhl.
Und: «Ummmm», winkte sie grazil von der Vorhangstange.
«ICH KOMME!», brüllte Hans. Und stieg auf das Polster.
Dann ging alles sehr schnell: Stuhl kippt … Hans fällt … der Arzt diagnostiziert Hüftbruch. Und: «Sie müssen sofort unters Messer!»
Als er nach der OP wieder einigermassen klar war, verlangte er nach seinem Buch.
Er öffnete auf Seite neunundzwanzig.
Und: «Ummmmm», machte es. Diesmal vom Lampenschirm.
Da beschloss Hans, künftig wieder Fleisch zu essen.

Sonntagsgeschirr

Lore nahm den ersten Teller. Sie schmetterte ihn auf den Boden. SCHERBEN.
Und irgendwie: ERLEICHTERUNG.
Früh morgens schon hatte sie das Buffet ausgeräumt. Das Bücken tat ihr weh. Ihr Herz hämmerte. Sie war jetzt achtundachzig. Da hämmerte das Herz öfters. Oder stand dann für immer still.
Lore nahm den zweiten Teller. Der Aufprall verursachte ein knappes «DLIRRR». Die Scherben spritzten unter den Fernsehtisch.
Das Biskuitporzellan trug den Stempel «Sèvres». Handgemalte Heckenröschen blühten unter dem Goldrand. Die Blumen waren mit einer zarten Schleife verbunden.
Auf dem Tisch stand ein ganzes Service: vierundzwanzig Teller (jetzt noch zweiundzwanzig), eine riesige Suppenschüssel, deren Knauf als blühendes Porzellanröschen mit dem Tellermuster harmonierte – Platten, Suppentassen, zwei Saucièren: das Sonntagsgeschirr.
Die Sèvres-Teller waren Hochzeitsgeschenke gewesen. Es war im Krieg und das Essen knapp (zum grossen Fest mussten die Gäste Lebensmittelmarken ins Restaurant mitbringen). Aber französische Sèvres-Teller gabs. Wenn auch leere.
Ernst und Lore hatten das Service ins Wunschbüchlein aufgenommen – zusammen mit dem Bügeleisen, der elektrischen Nähmaschine und einem ultramodernen Tasten-Radio. Vierzehn Freunde hatten das Nymphenburg-Porzellan angekreuzt. Immer ein Teller. Die restlichen hatte sich das Paar nach und nach selber geleistet.
Anfang der Fünfzigerjahre war das Service dann komplett. Als fulminanten Schlusspunkt hatte Ernst ihr die Suppenschüssel zum Geburtstag gekauft. Es war keine Überraschung – aber immerhin hatte er die Schüssel mit Lores Lieblingspralinen gefüllt. Das Geschirr wurde nur an ganz besonderen Tagen gedeckt: Geburtstagen, Weih-

nachten – und am Sonntag natürlich. «Sonntagsgeschirr» nannten alle das Service. Für den Rest der Woche gabs musterlose Goldrand-Teller – «Goldrändli» genannt.
Lore war stolz auf ihre Sonntagsessen und das Sèvres gewesen. Es stand immer auf dem weissen Dammasttischtuch. An speziellen Feiertagen füllte sie die Suppenschüssel mit den passenden Heckenröschen – an Weihnachten mit Ästen. Roten Sternen. Und Lametta. Sie stellte das üppige Tischmilieu ins Zentrum (Suppe gabs keine).
«Ihr werdet es einmal erben!», hatte sie ihren Töchtern jeweils stolz beim Abwasch erklärt.
Auch später, als die Familie einen Geschirrspüler anschaffte, wurde das Sonntagsgeschirr von Hand abgespült. «Sonst geht das Gold ab», mahnte Lore, wenn die Mädchen motzten.
Nun stand ihr neunundachtzigster Geburtstag ins Haus. Sie wollte daheim feiern. Und hatte die Töchter zur Lagebesprechung eingeladen. Die Mädchen (die nun auch ältere Frauen waren) sollten kochen. Filet im Teig.
Ein Wort ergab das andere: «Weshalb können wir nicht einfach Brötchen beim Super-Center holen? Kartonteller? Und Plastikbesteck? Das Sonntagsgeschirr ist viel zu umständlich …»
Lore wurde bleich: «Ihr werdet das alles mal erben …»
Hanny lachte auf: «ABER, MUTTI, WER WILL DENN HEUTE NOCH SO EINEN SCHMETTER … das ist nicht mehr zeitgemäss. Teller müssen spülmaschinenfest sein. Und praktisch …»
Sie hatte die ganze Nacht nicht geschlafen. Um sechs Uhr stand sie auf. Ging zum Buffet. Und: DLIRRR! DLIRR! DLIRR!
Bei der Suppenschüssel zögerte sie kurz. Dann atmete sie durch. Hob sie hoch. Und: DLIRRRRR.
TAUSEND SCHERBEN.
Die Kinder fanden sie inmitten von kaputten Tellern und Platten …
Sie war seit achtundzwanzig Stunden tot.
Zerbrochen – so wie alle Sonntage dieser Welt. Und deren Geschirr.
Es wird von der Menschheit zu viel Geschirr zerschlagen.

Integration mit Sushi

Wenke kochte.

Seit Wochen versuchte die Münchner Professorin diesen Menschen ein paar Brocken gutes Deutsch einzupauken. Und Amir schaute nicht einmal zur Tafel. Er piepste auf seinem iPhone herum. Und spielte «Schiffe versenken».

JA HAST DU WORTE!

«HERR AMIR!»

Der kleine Iraner liess vor Schreck das Telefon fallen. Er wusste: Mit Frau Wenke war nicht zu spassen. Sie wollte aus ihm einen perfekten Flüchtling machen. Und perfekt hiess: Er hatte die Sprache des Landes zu reden. Und sich den Sitten hier anzupassen.

So.

«Herr Amir – ich habe Sie gefragt, auf was unsere deutsche Demokratie beruht. Und was ihre Werte sind ...» – die Stimme von Professorin Wenke Wonnemut war jetzt etwas schrill.

Amir senkte demütig den Kopf: «Ist schönes Land, die deutsche Land ... und Mutter Merkel gutes Frau ...»

«Herr Amir – nach der Stunde kommen Sie zu mir!»

Klar. Wenke war froh um den Job als «Deutsch-Pädagogin für Immigranten-Gruppen». Vor vier Jahren noch hatte sie in der Senioren-Universität über den Bayernkönig Ludwig (ihr Lieblingssujet) doziert. Das war unbefriedigend. Die Alten dösten spätestens nach zehn Minuten. Aber ein anderer Job war nicht zu haben.

Jetzt hingegen brauchte das Land Leute wie sie. Brauchte alle: Sozialarbeiter ... Lehrer ... Psychologen. Die Arbeitslosenquote war in diesen Berufen rapide unter den Strich gesunken.

WURDE AUCH ZEIT!

Wenke hatte sieben Jahre auf der Uni gepaukt. Sie heiratete ihren Studienkollegen Max. Die Verbindung stellte sich als Irrtum heraus.

Max war schwul. Er hatte zu viel Grammatik, aber zu wenig sich selber studiert.
Nun denn – sie trennten sich im Guten. Max lebte nun ganz für seinen Schulunterricht (Deutsch und Geschichte). Zum Ausgleich kochte er exotisch und experimentell. Wenke besuchte ihn einmal monatlich zu einem Sushi-Essen.
NO BAD FEELINGS – also!
«Herr Amir», nahm Wenke nun den kleinen Iraner ins Visier. «Sie leben seit vier Jahren hier … Ihr Deutsch ist noch immer katastrophal … SIE MÜSSEN SELBST SCHON AUCH ETWAS ZUR INTEGRATION BEISTEUERN!»
«Ich viel machen für Integration … ich fahre Mercedes … schönes grosses Wagen mit Stern vorn …» Er schaute sie nun mit seinen schwarzen Kugelaugen an wie ein Kind vor dem Weihnachtsbaum: «Ich schon in Iran als böses Verfolgung immer grosses Gebet zu Allah … gut Allah, lass mich auch fahren dieses schönes grosse Wagen mit Stern, wo kommen aus Land, wo ich gehen will …»
«Aha», sagte Wenke.
Nun strahlten die Kulleraugen. «Allah haben kapiert grosses Wunsch von kleines Amir. Er machen mich zu Chauffeur bei Hotel Oriental-Mandarin … und ich fahren in München alls vornehmig Gäste in grosses Wagen mit Stern …»
Wenke schwieg. Sie dachte, dass Allah einen ganz speziellen Draht zur Ironie haben müsse.
Aus einer spontanen Idee heraus lächelte sie nun Amir an: «Ich bin heute Abend bei meinem Ex-Mann zum Sushi eingeladen – wollen Sie mitkommen?»
Wieder Kulleraugenstrahlen: «Gutes Frau Wenke … gutes Ex-Mann … aber Amir nicht essen Sushi!»
«Ohne Sushi werden Sie sich hier nie integrieren, Herr Amir!»

Max grillierte Amir dann eine Hühnchenbrust. Legte Reis darum. Und dämpfte drei Tomaten. Dazu kochte er ihm Jasmin-Tee. Max hatte nicht nur ein Kochtalent. Er hatte auch drei Pfund Feingefühl.
Nach vier Wochen zog Amir bei Max ein.

Nach einem Jahr rollte der Iraner ebenfalls Sushi. Die Integration ging galoppartig voran.

Morgen fahren beide nach Sylt. Nicht im Mercedes. Sondern im Opel. Auch gut.
Man sollte nie zu fest nach den Sternen greifen.

Enzianblau

Das Blau des Enzians liess ihn erschaudern.
Die Farbe (intensiv und doch so kalt wie der Himmel über Sibirien) faszinierte den Buben vom ersten Augenblick an.
Sein Vater hatte ihn auf den Berg mitgenommen. Er war damals zehn. Und er hasste Bergtouren. Der Junge war der «Stubenhocker-Typ».
Heinz-Hugo lebte in seinem Zimmerchen mit Plüschtieren.
Oft träumte der Bub davon, eine Prinzessin zu sein – eines dieser elfenzarten Wesen, von denen ihm seine Grossmutter immer wieder Geschichten erzählte. Krönchen. Blondhaar. Und Glasschuhe – DAS WAR DIE WELT HEINZ-HUGOS.

Sagen wirs mal so: Der Bub küsste schon Frösche, bevor seine Milchzähne wackelten. Und bereits früh musste er mit der Enttäuschung leben, dass die glibbrigen Viecher keinen Prinzen hervorbrachten.
KLOBIGE BERGSCHUHE HATTEN HIER NUN WIRKLICH NICHTS VERLOREN!
Auch nicht der Wandergang mit blutgierigen Bremsen, ausgedörrten Kuhfladen und Mücken, die den Buben saugbereit umsurrten.
ER HASSTE FLIEGEN!
ER HASSTE KUHFLADEN.
ER HASSTE MÜCKEN!
ER HASSTE AUCH SEINEN VATER.
Dieser haderte. Und nahm die Allüren ziemlich krumm.

Die Mutter tröstete den Alten. «Es wird schon werden, Werner – gib ihm Zeit!»
Doch der Vater war ein ungeduldiger Mensch. Er wollte, dass sich das sanfte Prinzesschen in einen wütenden Ringer verwandelte.

Und weil er keinen Frosch küssen wollte, nahm er das Schicksal persönlich in die Hand. Er trainierte den Buben auf den «rechten Weg» hin.
So musste der arme Junge schon bald Geröllhalden rauf- und Berghügel runterhecheln – doch eben bei dieser Trimmtour stiessen die beiden auf einen Enzian.
Schon von Weitem sah Heinz-Hugo das saftige, dunkle Blau, das aus dem hellen Grüngras funkelte.
Er ging vor der Blume in die Knie. Und schaute fragend zu seinem Vater.
«Ein Enzian», sagte der.
«Er hat die Farbe dieser Prinzen-Augen, die mich von Euch erlösen werden...», deklamierte der Bub. (Wie gesagt: eine typische Märchentucke.)
«Dein Arsch wird bald auch so blau sein, wenn du nicht mit diesem Mist aufhörst ...», tobte der Vater.
Es war die Zeit, wo Eltern ihre Kinder noch züchtigten.
Heinz-Hugo pflückte sich das Blümchen. Und redete bis zu Hause kein Wort mehr.
Im Garten holte er Moos. Legte ein Schnapsglas damit aus. Befeuchtete das Grün. Und bettete die blaue Blume darauf.
«DU DEPP – DIE BLUME IST GESCHÜTZT ...», polterte der Vater.

Später polterte er auch bei seiner Ehefrau: «Der Bub ist schräg. Beim zweiten wäre so etwas nicht passiert ...»
Der zweite war drei Tage nach der Geburt gestorben.
Heinz-Hugo sprach oft mit ihm. Er hatte sich einen kleinen Bruder gewünscht. Die Grossmutter aber sagte, er sei nun im Himmel. Mit einem weissen, langen Kleid – und er würde ihn beschützen.
Heinz-Hugo liebte seinen schützenden Bruder. Er beneidete ihn allerdings um das lange, weisse Kleid.

Ein halbes Jahrhundert später, als Heinz-Hugo am Sterbebett seines Vaters stand, schaute ihn dieser lange an: «Ich habe vieles falsch gemacht ...»

Er griff zu einem Buch. Und zupfte etwas Verhutzeltes, Welkes heraus: «Ich habe den Enzian damals gepresst … weiss nicht warum … irgendwie war mir der Moment wichtig!»
Dann weinte der Alte.
Und sein Sohn drückte ihm die kalte Hand.

Der andere Tatort

Er schaute «Tatort».
Ernst mochte diesen schmuddeligen Kommissar und seinen geschniegelten Leichen-Professor. Letzterer war stets so erfrischend unkorrekt maliziös zur Zwergenfrau. Und die blieb ihm dann auch nichts an Bösartigkeit schuldig.
Ernst liebte also diese Krimireihe (auch wenn er die Auflösung der Morde mitunter verpennte).
VOR ALLEM ABER LIEBTE ER DIE VERWUSCHELTE STAATSANWÄLTIN MIT DER DUNKLEN BASSSTIMME. Und er liebte ihren tödlichen Raucherhusten.
Ernst rauchte auch.
Die Stimmbänder waren bereits belegt. Und: «Das wird ein böses Ende nehmen, Herr Müller!», so hatte sein Leibarzt geunkt.
Ernst war jetzt zweiundachtzig. Das Ende durfte ruhig kommen. Wenn er sich «Tatort» und die vielen Leichen anschaute, musste er sich manchmal wundern, dass er überhaupt noch da war …
Ernst holte sich ein Bierchen. Er lebte alleine.
Seit «Mutti» durch den Tod weg war, warf er die Waschmaschine selber an. Mutti hatte übrigens auch geraucht. Wenn auch nur ein Päckchen am Tag.

Ernst war stets ein Einzelgänger gewesen. Mamma hatte gekocht. Hatte das Haus piccobello geführt. Hatte ihm die Hemdenkrägen gestärkt – JA WAS WOLLTE HERR MÜLLER DA NOCH MEHR?
Ok. In den jungen Jahren juckte es ihn zwischen den Beinen. Hin und wieder brachte er dann eine Frau heim. Meistens eine von der Damenriege. Denn Ernst Müller war ein begnadeter Reck-Turner.
Mutti schleppte Goldrandtässchen und Linzertorte an. Sie erzählte pausenlos, was Ernst für ein wunderbarer Sohn sei.

DIE FRAUEN KAMEN NIE WIEDER.
Und Herr Müller baute seine Gelüste am Reck ab.

Als Mutti starb, hatte Ernst eben seinen Siebzigsten hinter sich. Beide Müllers stiessen mit Sekt auf den Geburtstag an. Der «Glocken»-Wirt flambierte das Rind eigenhändig mit Cognac ... Die Flammen züngelten. Und: «Ohhh», seufzte Mutti entzückt.
Als alles erloschen war, züngelte auch bei Mutti nichts mehr.
FLAMME AUS!
«Sie hatte ein schönes Alter», meinte Ernst geniert durch die grossen Umstände , die er dem Wirt in dessen Gaststube bereitete.
Der wiederum trug die Leiche samt Stuhl ins Kaltzimmer. Und rief durch die Türe: «Fürs Chateau Briand berechne ich nur eine Portion ...»
Es kamen keine Trauernden. Ernst stand alleine vor der Gruft, in die Mutti schon seinen Vater runtergelassen hatte.

Keine fünf Jahre alt war der Bub gewesen. Sein Vater hatte Waldchampignons nach Hause gebracht.
Mutti kochte für ihn ein Ragoût daraus. Und schnetzelte auch ein paar von den rot-weiss Getupften darunter. Dazu hausgemachte Nudeln.
In der Nacht gab Muttis Gatte patschnass den Löffel ab.
Der Arzt war misstrauisch. Er rief die Obrigkeit. Und Herr Abächerli, der Dorfpolizist, schaute die junge Witwe streng an: «... und Sie haben wirklich nichts von seiner Gluten-Allergie gewusst?»
Als die Polizei weg war, strahlte sie: «JETZT HABEN WIR EINANDER GANZ ALLEINE – ERNSTILEIN!»

Sie hatten einander dann sehr, sehr lange alleine. So lange, dass es Ernst zu lang wurde.
Am siebzigsten Geburtstag hatte er das Fläschlein mit den starken Herztropfen in die «Glocke» mitgenommen. Und eine Überdosis in Muttis Sektglas geschüttet.
EIN PAAR JÄHRCHEN WOLLTE ER DOCH NOCH ALLEINE GENIESSEN – ALLEINE MIT SEINEN ZIGARREN.

Ernst schaute jetzt auf den Bildschirm. Der Mörder wurde gefasst, wie er daheim sein Eheweib zerstückeln wollte.
«Stümper!», hustete Ernst.
Und stellte den «Tatort» ab.

Regen auf Teneriffa

Nancy lächelte ihrem Sitznachbarn zu.
«Sieht heiss aus», dachte sie.
Hans lächelte zurück.
«Wowww!», dachte auch er.
Dann entdeckte Nancy seine kleine Narbe zwischen Nase und Lippe.
Und sein Blick blieb auf ihrem rötlichen Muttermal hängen, über das sie die blonden Haare fallen liess.
«Aha», dachten nun beide.
Nancy hat das Muttermal seit ihrer Kindheit. Nichts Gravierendes.
Aber es reichte, um sie als junges Mädchen unglücklich zu machen.
ACH WAS – JUNGES MÄDCHEN!
Auch heute noch griff eine kalte Hand an ihren Hals, wenn sie sich im Spiegel betrachtete. Deshalb: langes Haar. Und Flüssigpuder.

Als die Ärzte der Mutter von Hans erklärten, sie habe ein Spaltenkind auf die Welt gebracht, zuckte die zusammen.
«Das ist nicht selten – neben dem Klumpfuss die häufigste Missbildung bei Babys. Man kann das heute wunderbar operieren …» – so trösteten die Mediziner.
Bereits im Babyalter kam Hans unters Messer. Immer wieder.
Später, als er die Pubertät hinter sich hatte, war es Zeit für kosmetische Korrekturen. Nun war kaum mehr etwas von der einstigen Hasenscharte zu sehen – geblieben waren die Narben aus der Kindheit.
Keiner hatte mit ihm spielen wollen. Niemand war zu seinem Kindergeburtstag erschienen.
«Das gibt sich alles», hatte seine Mutter ihn vor dem Tisch mit dem Schokokuchen getröstet.

Nancy hätte Hans Ähnliches erzählen können.

Doch das war hier jetzt nicht der Ort – das Schicksal hatte sie nebeneinandergesetzt. Das Ziel: Sonne in Teneriffa.
Natürlich schüttete es. Und zwar zünftig.
Die Reisetante schüttelte jammernd den Kopf: «Es gibt im Januar höchstens sieben Regentage hier … aber die Klimaveränderung …»
IMMER MUSS DIE KLIMAVERÄNDEURNG HERHALTEN!
Das Hotel war elegant. Aber für den Bikini gebaut.
Hans kaufte sich als Erstes eine Regenjacke – Nancy eine Wolldecke.
Manchmal sahen sie einander beim Frühstücksbuffet. Lächelten: «Ist das möglich … so ein Sauwetter hier!»
Dann gingen sie einander aus dem Weg.

Hans hatte immer wieder eine Beziehung gesucht. Und immer war es schiefgelaufen.
Zuletzt hatte er sich bei einer Partnervermittlung eingeschrieben: «Hasi sucht Häsin.»
Er traf die Frauen in Cafés, Restaurants (Winter) und auf Parkbänkchen (Sommer) – aber es war kein liebeswilliges Häslein darunter. Sie sahen ihn an – und er glaubte diesen Blick zu spüren, mit dem die Mädchen ihm schon in der Tanzschule den Boden unter den Füssen weggezogen hatten: ein Blick von Mitleid, leichter Abneigung und «nein danke!».
«Das gibt sich», tröstete die Mutter.
Ähnlich bei Nancy: Ihre Beziehungen hielten kaum einen Monat. Dann verabschiedeten sich die Galans auf Nimmerwiedersehen.
Einmal hatte sie einen brasilianischen Lover. Er liebte sie wirklich. Und er liebte sie gut.
«Aber nicht so einer!», hatte die Mutter ihre Tochter gemassregelt. «Du findest schon noch etwas Anständiges …»

Auf dem Rückflug hatten sie wieder dieselben Plätze.
«Das war weiss Gott ein Schlag ins Wasser …», lachte Hans.
«Er ist wirklich süss», dachte Nancy. Und berührte seine Hand: «Ja – aber man konnte über so vieles nachdenken …»
«Sie ist wunderbar …», durchzuckte es ihn.

Im Sonntagsfilm von Louise Rinser hätten die beiden ein Jahr später geheiratet. Und die Flitterwochen auf Teneriffa gefeiert. MIT SONNE. Vor der Gepäckausgabe jedoch lächelten sie einander an – dann fast synchron: «Auf Wiedersehen … vielleicht wieder einmal auf Teneriffa.» Das Leben schreibt keine Sonntagsfilme.

Das Baby

Das Flugzeug aus Hamburg hatte Verspätung.
«Zwei Stunden!», stöhnte Liz.
Sie setzte sich auf einen der raren Sessel. Dann schüttelte sie den Kopf: «Ist ja auch eine Schnapsidee ...»
Es sollte ihr erstes Treffen werden. Live. Bis anhin hatten sie nur Skype-Kontakt.
Liz hatte sich von Kurt getrennt – nach dem verflixten siebten Jahr.
Er wollte Kinder. SIE NICHT.
Sie konnte mit diesen schreienden Gören einfach nichts anfangen. Stets standen sie im Mittelpunkt, erbrüllten sich ihre Aufmerksamkeit – NICHTS FÜR LIZ!
SIE BRAUCHTE EINE WELT, DIE SICH UM SIE DREHTE.
Kurt rief täglich an. Es tönte grotesk – aber die Trennung hatte sie einander nähergebracht.
Manchmal führte er sie auch zum Essen aus. Sie redeten über Gott und die Welt – nur das Thema «Kinder» blieb ein Tabu.
Auf einem dieser «WER MAG DICH?»-Herzportalen hatte sie dann Holger kennengelernt.
Zuerst mailten sie Belangloses hin und her. Dann wurde es tiefer.
«Bin vierunddreissig ... WILL KEINE KINDER ...», gab sie schon mal die Richtlinien durch.
Er: Siebeundvierzig. HABE SCHON DREI. UND BLECHE ALIMENTE ...»
Aha. Geschieden! Tantmieux ... dachte Liz. Und rief ihn auf Skype an.
Er war nicht gerade ein Beau. Aber seine strahlenden, stahlblauen Augen faszinierten sie.

«Can you take Baby ...?», eine schwarze Frau riss Liz aus allen Gedanken.

Ohne eine Antwort abzuwarten, drückte die junge Mutter ihr ein Bündel in die Hände. Zwei dunkle Augen schauten Liz fragend an.
«JA HALLO! Das glaube ich jetzt aber nicht …», redete sie auf das Baby in ihren Armen ein.
Dieses zog einen Flunsch. Und quäkte drauflos: «Wähääääää …»
«Na na …»
Liz wiegte die Kleine etwas unsicher hin und her: «Na na …»
«Wäääääähhhhh!»
«Wie heisst du denn?» Sie drückte dem dunklen Baby einen Kuss auf die dicken Backen.
Es war wirklich allerliebst. Ein bisschen laut – aber diese zarte Haut! Und dieser wunderbare Geruch – fast wie frische Milch …
«Wäääähhh …»
«Ja, ja, ja – die Mammi kommt bald …»
Plötzlich wurde Liz blass: WAS, WENN DIE MUTTER NIE MEHR AUFTAUCHEN WÜRDE? … HIMMEL, WAS SOLLTE SIE NUR TUN?
«Wäääääähhhhh!»
Liz drückte die Kleine fest an sich. Ein wunderbares, warmes Gefühl durchströmte sie – etwas, das sie bis anhin noch nie empfunden hatte. Dann spürte sie etwas Warmes auf ihrer weissen Armani-Bluse.
Jetzt schmeckte das Baby auch nicht mehr milchig süss …

«Thank you so much …», die schwarze Frau war wieder da.
Sie schaute entsetzt auf die gelblichen Flecken auf dem Stoff: «Oh dear …», rief sie. Und pflückte Liz das feuchte Paket aus dem Arm.
Dann zupfte sie ein regenbogenfarbiges Seidenband aus ihrer Basttasche. Und band es Liz um das Handgelenk.: «Bringt Glück … bringt Baby … du gutes Mutter!»
Schon war sie im Menschengewimmel verschwunden.
Liz fühlte synchron Trauer und Seligkeit.

Als Holger zwei Stunden später ihre Bluse sah, runzelte er irritiert seine Stirn. Noch mehr runzelte er, als Liz ihm erklärte: «… alles ein Irrtum. Sorry. Und tschüssi.»

Im Taxi zückte sie ihr Handy: «Kurt, bist du heute abend frei? ICH GLAUBE, WIR SOLLTEN REDEN ...»
«Ein schönes Armband», lächelte die Taxifahrerin, als Liz ihr das Geld hinstreckte.
«Haben Sie Kinder?», lächelte Liz zurück.

Sport ist Mord

«Herr Heierli, bitte!»
Die Praxishilfe lächelte Fritz aufmunternd zu. Sie streckte ihm ein Plastikbecherchen entgegen:
«Sie kennen das – der erste Sprutz ins Klobecken. Dann der Rest ins Becherchen. Bringen Sie mir den Urin ins Labor – und waschen Sie sich danach die Hände. Der Herr Doktor erwartet Sie …»
«DUMME KUH!», dachte Fritz.
Wie stets vor dem jährlichen Von-Kopf-bis-Fuss-Check war er etwas aufgewühlt. Und dieses Mal hatte die Arzthelferin erst beim dritten Mal Stechen die Vene gefunden. HALLO – WAR ER ETWA EIN NADELKISSEN?!

«Ja der Herr Heierli – wie gehts uns denn?», strahlte ihn Doktor Fröhlicher aus seinem Sessel entgegen.
Doktor Fröhlicher war eine Frohnatur. Wahrscheinlich verkündete er seinen Patienten auch das Todesurteil mit einem schelmischen Augenzwinkern.
«Danke», sagte Fritz steif. «Wie es m i r geht, werden Sie mir bestimmt gleich sagen …»
«Haha, der alte Scherzkeks! Jawohl, das liebe ich an Menschen wie Ihnen – immer ein Spruch auf den Lippen. Das regt die Verdauung an …»
Die Praxishilfe (die mit dem dreifachen Stich) legte dem Arzt ein weisses Blatt hin.
Fritz wusste, was nun kam. Jedes Jahr dieselbe Leier: «Die Blutfettwerte sind schlecht … das Cholesterin ist zu hoch …»
«SIE SOLLTEN SPORT TREIBEN!» Fröhlicher schaute Fritz fast vorwurfsvoll an. «So hoch war das Cholesterin noch nie. Eier weglassen. Speck weglassen. Dafür Sport. Viel Sport, Herr Heierli.»

Sein Vater war Sportler. Und hatte dennoch einen Cholesterinspiegel in der Höhe des Matterhorns. WESHALB MUSSTE ER SICH EIGENTLICH IMMER DIESEN MIST ANHÖREN? JAHR FÜR JAHR?
Einmal war Herr Fröhlicher gar so weit gegangen und hatte gewarnt: «Ich kann keine Garantie übernehmen, wenn Sie nicht ein bisschen Sport treiben ...»
SEIT JENER WARNUNG GING FRITZ GARANTIELOS DURCHS LEBEN!
«Joggen Sie ...», fuhr Fröhlicher nun fort. «Glauben Sie mir – nach dem vierten Mal macht es Spass. Und nach dem zehnten Mal sind Sie süchtig. Dann können wir uns auch wieder ein Ei leisten!»
FRÖHLICHER SAH NICHT NACH EIERN AUS. EHER NACH HANDGESCHROTETEM. UND MAGERMÜESLI.

«Und?», fragte Hildi daheim.
«Kerngesund», sagte Fritz.
Jetzt baute sich seine Frau zu einem Fels vor ihm auf: «MITNICHTEN KERNGESUND! ES GIBT KEINE EIER MEHR. DOKTOR FRÖHLICHER HAT MICH INFORMIERT. DORT IST DEIN JOGGINGANZUG!»
Er hätte heulen können.
Und als er von Kopf bis Fuss fit ausgerüstet auf der Strasse stand, fühlte er sich so elend wie damals als pummeliger Bub vor dem Sportstag.
Frau Huber vom Parterre stierte ihn an: «Aha – sind Sie jetzt auch einer von denen ...»
«Das Cholesterin», verteidigte er sich.
«Sport ist Mord!», knurrte Frau Huber. Und knallte die Türe zu.
Er zog los.
«Am Anfang nicht übertreiben!», hatte Fröhlicher ihm gute Ratschläge mitgegeben.
«In der ersten Phase joggst du nur einmal kurz um den Block ...», hatte Hildi befohlen.
Sie hatte das Coaching zur Aktion «Kampf dem Cholesterin» übernommen.
Also legte er gemächlich los.

Leider war nach hundert Metern eine Baustelle auf dem Trottoir. Sie verlegten Glasfaserkabel.
Fritz wich keuchend im Joggingstempo auf die Strasse aus …
Der Laster konnte nicht mehr bremsen.
«Mein guter Fritz», heulte Hildi am Sarg.
«Sport ist Mord», sagte Frau Huber vor dem Grabesloch.
«Na ja – dumm gelaufen», dachte Fritz auf Wolke zwölf.

Blaue Pillen

Er lag im Bett. Und versteifte sich.
ALLERDINGS NICHT AM RICHTIGEN ORT.
Barbara streichelte über sein Haar: «Das macht doch nichts, Jan!»
Er war gereizt. «Natürlich macht es etwas, Babsilein ... ich meine: Das ist mir noch nie passiert ...»
«Du hast zu viel um die Ohren, Jan. Leg dich ganz nahe zu mir. Lass uns kuscheln!»
KUSCHELN WAR FÜR BECKENRANDSCHWIMMER! Aber nicht für Jan, den heissen Aufreisser. Jeder und jede wusste, dass er immer für zwei, drei Nummern gut war ...
Jan kannte Barbara nun schon seit zwei Wochen. In der «Bar rouge» war sie ihm sofort aufgefallen: heisse Läufe. Und verheissungsvolle Ausbuchtung im knappen T-Shirt.
Jan war Profi. Ein Draufgänger. Aber mit System und Taktik. Er wusste, dass Mann die Sache langsam angehen lassen musste.
Zuerst: nur Konversation.
Dann: Blumen. Und Eintrittskarten für ein Pop-Konzert («Ich habe zufällig zwei Tickets ...»).
Eigentlich war Jan mit seinen zweiundsechzig zu alt für Pop-Konzerte. Aber Babsilein war umso jünger.
Schliesslich führte er sie italienisch aus. Nach Manzo brasato und «Birne im Rotwein» wäre eigentlich der Tag der gemeinsamen Nacht angesagt gewesen. WÄRE – denn eben: «DAS IST MIR NOCH NIE PASSIERT!»
Am andern Tag googelte Jan sich im Büro wild durch die Stichworte «Potenzschwierigkeiten» und «Erektionsstörungen».
Es waren über hundertfünzigtausend Treffer.
Klar war: Er brauchte diese blaue Wunderpille. Klar war auch: Er konnte hier nicht einfach in eine Apotheke. Jeder kannte ihn im Städt-

chen: Bürgerrat … Seckelmeister einer Zunft … Kirchenvorstand … und immer wieder Gast in lokalen Talk-Shows.
«Sagen Sie morgen alle Meetings ab …», bellte er seine Sekretärin an. Frau Hämmerli arbeitete seit achtundzwanzig Jahren für ihn. Sie war Kummer gewohnt. «Aber …», versuchte sie noch …
«KEIN ABER!», brüllte er.
«Alles wegen seiner Tussis!», knurrte Frau Hämmerli. Wie gesagt: Sie kannte ihn durch und durch.
Er fuhr nach Zürich. Und suchte dort eine unscheinbare Apotheke auf. «Ähemm … haben Sie Viagra?»
Der Apotheker, ein kleiner Inder, lächelte: «Der Patentschutz ist vor ein paar Monaten gefallen …»
«Ja und?»
«Es gibt preiswertere Generika …»
Jan hatte bei Google gesehen, dass auch im Internet Generika angeboten wurden. Viele Einträge warnten aber vor faulen Tricks. Oft handle es sich bei den Dumping-Produkten um blaugefärbte Kreide …
«Nein. Ich will das Original …»
«Haben Sie irgendwelche Beschwerden …? Diabetes … hoher Blutdruck?»
Den bekam er jetzt bald, wenn dieses Männchen ihm nicht endlich die Schachtel herausrücken würde.
«Oft sind solche Störungen reine Kopfsache …»
DLINGDLANG. Die Ladentüre öffnete sich. Und: «Ja hallo, Jan – was machst du denn in Zürich?!»
VERDAMMMICH!
Es war Hubert Müller – ausgerechnet dieser Schleimer von den Grünen.
«Ach, ich habe eine Sitzung – und Husten» … Jan hustete jetzt dramatisch. Verlangte Vicks VapoRub. Und machte sich aus dem Staub.
Hubert Müller schaute ihm kopfschüttelnd nach. Dann wandte er sich an den Apotheker: «Ich hätte gerne … ähemmm … Viagra und …»
Der Inder lächelte zuvorkommend: «Es gibt jetzt Generika …»

Im Büro wartete Frau Hämmerli mit einem Brief auf Jan: «Den hat eine Dame abgegeben.» Sie sagte das Wort «Dame» so, dass jeder merkte, dass es keine war.
Es war der Abschiedsbrief von Babsilein.
Dann knallte ihm die Sekretärin ein Päckchen hin: «Da – versuchen Sies mal mit Viagra. Ist zwar nur ein Generikum ...»
Wie gesagt: Sie kannte Jan durch und durch.

Hoffen für Tilly

Tilly schaute sich im Stübchen ihrer Grossmutter um.
Aus der Küche rief Tanja: «Es hat noch Kaffeekapseln. Soll ich uns einen Espresso machen?»
Tillys Grossmutter war tot. Bei ihren Einkäufen war sie vor dem Aktionsständer mit den Weihnachtsstollen zusammengebrochen.
Als die Polizei auf Tillys Mobiltelefon anrief (man fand die Nummer im Portemonnaie der Alten), war Mittagsstress.
Tilly arbeitete in der Kantine eines Spitals. Sie schöpfte Essen auf die Teller. «Ich bin in einer Stunde auf dem Posten ...», sagte sie.
Tilly wollte studieren. Medizin. Ärztin wäre ihr Traumberuf gewesen. Aber nach dem Tod der Eltern war kein Geld da. Ihr Vater hatte das Ersparte in Aktien angelegt. Spekulativ. Na ja – man kennt das Ende der bösen Börsen-Geschichten.
Tilly unterbrach ihr Studium. Und fand den Job in der Kantine.
«Sie hat nette Tässchen ... ungarisches Porzellan!», meldet sich Tanja jetzt aus der Küche. «... Zucker gibts auch!»
Tanja hatte in Kunstgeschichte promoviert. Sie liebte die Klassisch-Modernen. Überdies war sie Tillys herznahste Freundin. Und als diese sie bat, beim Räumen der Grossmutter-Wohnung zu helfen, war das Ehrensache: «Klar – vielleicht finden wir ja einen Schatz!»
Tilly lachte: «Sie war die beste Oma der Welt. Aber leider auch die ärmste. Oma war geschieden, weil sie mit einem Kunsthändler abgehauen ist. Sie polierte dann die magere Rente als Heimschneiderin auf ...»
In der Küche keuchte eine Kaffeemaschine.
«Was ist aus dem Kunsthändler geworden?», überbrüllte Tanja den Lärm.
Tilly seufzte: «Darüber hat sich Oma stets ausgeschwiegen. Vermutlich hat er sie einfach wieder ausgerahmt ...»

Sie öffnete zögernd das wuchtige Buffet mit der Glasvitrine. Es gab eine Besteckschachtel mit angelaufenem Silber. Viele zusammengebundene Bändel und Schnüre.
In einer Teekanne (Kornblumenmuster) lagen acht Hunderternoten als Rolle gebündelt.
«Ich habe Geld gefunden», rief Tilly aufgeregt in Richtung Küche. «Damit könnten wir eine Woche wegfahren …»
«Spar das Geld. Oder kauf dir endlich eine gute Espressomaschine – falls du diesbezüglich nämlich auf das Erbe deiner Grossmutter spekulierst, wäre das ein Fehlschlag: Ihr Kapsel-Apparat hat soeben den Geist aufgegeben!»
Tassengeschepper kündigte Tanja an.
Die Freundin schaute sich in der dunklen Stube um: «Ist doch ganz gemütlich hier …»
Dann stiess sie einen spitzen Schrei aus: «Dort … dort hängt ein Matisse …»
Tanja lief aufgeregt zum Bild. Vorsichtig strich sie mit dem Finger darüber: «… nein. Kein Druck. Aber ich kann so nicht beurteilen, ob die Sache echt oder nur eine gut gemalte Kopie ist …»
Sie nahm ihre Freundin am Arm: «Tilly, wir müssen das sofort Max zeigen. Er ist Experte – ANGENOMMEN, DAS BILD IST VOM EXFREUND DEINER GROSSMUTTER. UND ANGENOMMEN, ES IST TATSÄCHLICH EIN ECHTER MATISSE … ALSO DANN KÖNNTEST DU IHN VERSTEIGERN LASSEN. STUDIEREN UND HUNDERTTAUSEND KAFFEEMASCHINEN KAUFEN!»
Die beiden Frauen schauten flehend zur vergilbten Stubendecke: «ACH LIEBER GOTT, MACH DOCH, DASS DAS BILD ECHT IST UND …»
Wir wollen die Geschichte hier stoppen.
Und natürlich sollten wir IHN nicht allzu stark stressen. ER hat eh schon den Kopf mehr als voll mit dieser Welt. Und bestimmt andere Probleme.
Aber die Adventszeit steht vor der Tür – und da darf jeder Mal auf ein Wunder hoffen.
Hoffen wir also für Tilly …

Flucht

Sie hatte die Nase voll.
ABER SO WAS VON GESTRICHEN VOLL!
Den Weihnachtsstress hatte sie noch mit Bravour gemeistert: Fondue Chinoise. Gelobt sei der Erfinder der Rölleli.
«Es ist nicht dasselbe!», hatte Willi gemotzt. «Ich habe mich ganz auf dein Weihnachtsfilet eingestellt, Susi …»
DA WAR SIE GLEICH MAL AN DER DECKE!
Was wusste dieser Penner schon vom Stress der Hausfrau?
Als sie zum ersten Mal ihr Filet Wellington zur Halleluja-Tanne getragen hatte, zählte die Familie gerade mal vier Köpfe.
UND JETZT SCHLEPPTE JEDER NOCH SEINE BEZIEHUNGSKISTE AN.
Ginge ja noch.
ABER SVEN BRACHTE SEINEN GANZEN PATCHWORK-CLAN MIT.
Und Laila kam mit einem Rudel ihrer emanzipierten Freundinnen, die sie jedes Mal mitleidig anlächelten: «Diese Plackerei, Susi! Es ist nicht richtig, dass alle Hausarbeiten auf den Schultern der Frauen lasten …»
Sagten es.
Hielten auf dem Clubtisch die Füsse hoch.
Und diskutierten über Frauenquoten.
Die Grosskinder, die gar nicht ihre leiblichen Enkel, sondern irgendwelche Patchwork-Balgen waren, müffelten über die rosigen Fleischröllchen: «Hats keinen Tofu? Wir essen nichts, was die Menschen umgebracht haben …»
Sie briet ihnen drei Pfannkuchen und hoffte, die Kleinen würden den Dotter nicht unter «Mordopfer» einstufen.
Susi war dann ins Esszimmer zurückgekommen. Und musste sehen, wie Willi seine haarige Pranke auf die Knie einer dieser Patchwork-Weiber legte.

DANN WAR ABER STUMMFILM!
Gewissenhaft hatte sie noch den Tisch abgeräumt. Die Geschirrwaschmaschine angeworfen. Und auf der Couch übernachtet.

«Ich hatte ein Gläslein zu viel, Susi!», entschuldigte sich Willi am Morgen.
ABER DA HATTE SIE DEN KOFFER BEREITS GEPACKT. Und fuhr dem Jahresende entgegen.
Die Sicht war mies – Susi rieb die Tränen weg: «ICH BIN EINE DUMME KUH – ICH HABE SIE ZU FEST VERWÖHNT. ABER JETZT IST FERTIG LUSTIG … ENDGÜLTIG!» – Das war der gute Vorsatz fürs neue Jahr.
In Interlaken buchte sie sich eine Suite. Und das volle Wellness-Paket. Gottlob hatte ihr Tante Huberta ein kleines Vermögen hinterlassen. Susi konnte es jetzt mal richtig krachen lassen.

Als sie mit der Gurkenmaske flach lag, überfiel sie ein schlechtes Gewissen: EINFACH SO NICHTS TUN!
Sie musste an das immer wiederkehrende Credo ihrer Mutter denken: «ERST DIE ARBEIT, DANN DAS VERGNÜGEN!»
Die Kosmetikerin schleimte ein nettes Kompliment: «Sie haben Potenzial … aus Ihnen könnte man etwas machen!»
Wunderbar – aber für die Filmkarriere wars jetzt zu spät.
Beim Nachtessen sah sie immer wieder verstohlen in die Wandspiegel des Speisesaals: War diese elegante Person dort wirklich sie selber – Susi Huber?
Ein Gast prostete ihr vom Nebentisch zu.
Sie lächelte zurück.
Den Espresso nahmen sie gemeinsam an der Bar.
Massimo, ein heisser Italiener aus Lecce, machte Susi den Hof. Er umwarb sie die folgenden Tage mit kleinen Aufmerksamkeiten. Und erzählte ihr von seinen Weinkellereien im Apulien.
Als er Susi beim Aperitif mit einem Gucci-Armband überraschte, knurrte ihr Handy.
Willi war dran: «Ach, Pummelchen – wie lange willst du noch müf-

feln? Hier läuft die Sache aus dem Ruder. CHAOS PUR. Morgen ist Silvester … die Jungen kommen alle …»

«Das Leben ruft», lächelte Susi alias Pummelchen glücklich zu Massimo. Küsste ihn auf die Wangen.

Und nahm das Armband.

DAS DANN DOCH.

Zu Hause war die Waschmaschine dann noch immer voll mit dem Weihnachtsgeschirr.

Sie ging summend daran, alles auszuräumen.

NEUJAHRSVORSÄTZE SIND SCHÖN.

ABER DAS LEBEN IST IMMER STÄRKER …

Autor

In Basel geboren, besuchte -minu das Realgymnasium und absolvierte die Journalistenschule der damaligen «National-Zeitung». Mit seinen Kolumnen ist er seit bald 40 Jahren in allen Printmedien der Schweiz vertreten. Auf Telebasel hat er eine eigene Magazinsendung. Nebst seiner journalistischen Tätigkeit hat er sich auch als Autor zahlreicher Bücher einen Namen gemacht. Er lebt in Basel, Rom und auf der toskanischen Halbinsel Monte Argentario.

Weitere Bücher von -minu:

Das Geheimnis der Hyazinthe

Hyazinthen sind magische Blumen. Unter ihren funkelnden Zauberhüten verstecken sich viele Geschichten, doch wehe dem, der den Zauber erforschen will. Rose hat schon als kleines Kind die grausame Wahrheit, die da unter dem Deckel gehalten wird, kennengelernt ... -minus Geschichten sind – wie auch die vom Geheimnis der Hyazinthe – knapp. Oft pechschwarz. Und immer mit viel Ironie und Witz gespickt. Genussvoll lässt er Tildy ihre vergifteten Zimmerherren in Salzsäure auflösen, bis die Gute dann selber ins Gras beisst. Er skizziert Alltagserlebnisse wie das Öffnen einer Thonbüchse und macht das Drama daraus, welches wir alle kennen. Oder er erzählt von einem Klassentreffen, wo Walter fehlt, weil er nach der versauten Matur vom Schulhausdach gehüpft ist und die Schulfreunde erst jetzt nach dem «Warum» fragen.

112 Seiten, Hardcover

CHF 29.80, ISBN 978-3-7245-1992-8

Schüfeli auf Bohnen

Mit dem Buch «Schüfeli auf Bohnen» spinnt der Basler Autor -minu die Tradition seiner legendären Weihnachtsgeschichten weiter. Seine Erzählungen sind komisch, schrill, manchmal herzzerbrechend oder ganz einfach nur stille Beschreibungen des Alltags. Nicht umsonst ist der Autor zur Adventszeit mit seinen Geschichten immer wieder auf Tournee, und nicht umsonst sind die Theaterabende immer ausverkauft: -minus Geschichten zum Heiligen Abend lassen niemanden kalt und sind eine Bereicherung an jeder Weihnachtsfeier.

144 Seiten, Hardcover
CHF 24.80, ISBN 978-3-7245-2161-7

Schüüfeli uf Bohne
Wiehnachtsgschichte glääse vom -minu
Audio-CD
CHF 24.90, ISBN 978-3-7245-2167-9

Fräulein Sarasin

-minu ist die Urmutter der schweizerischen Kolumnen. Bereits vor 45 Jahren hat er als erster Journalist der Schweiz Alltagsbetrachtungen in Kurzform-Geschichten verpackt und diese in der damaligen «National-Zeitung» veröffentlicht. Heute erscheinen seine Glossen und Kolumnen in allen Schweizer Zeitungen und Illustrierten.

Mit «Fräulein Sarasin» zeichnet der Autor einmal mehr kleine Geschichten von heute auf. Seine spitze Feder und der skurrile Humor machen den Alltag zum spannenden Tatort.
100 Seiten, Hardcover
CHF 29.80, ISBN 978-3-7245-1796-2

Männer tragen keine Diademe

Mimpfeli von -minu

Egal, wo sich -minu gerade aufhält, ob an der Basler Fasnacht, in Italien oder auf Reisen in der ganzen Welt: Immer trifft er auf skurrile Menschen und erlebt bizarre Situationen. Mit seinem treffenden und klugen Humor und ohne Scheu vor intimen Plaudereien beschreibt er wöchentlich in der «Basler Zeitung» diese Momentaufnahmen: Wie er zum Stalker von Prince Albert wird, sich mit seinem Lebenspartner Innocent über Luxusausgaben streitet oder die Königsfigur aus dem Vorjahreskuchen holt, um doch endlich eine funkelnde Krone auf seinem Haupt zu haben.

186 Seiten, Illustrationen von Rebekka Heeb,
Hardcover
CHF 29.80, ISBN 978-3-7245-1544-9

Besuch vom Christkind

Gekonnt stimmungsvoll, heiter-lustig und manchmal bittertraurig spinnt -minu die heutigen Probleme einer globalen Welt in seine Weihnachtsgeschichten ein. Wie immer gehen -minus «etwas andere Weihnachtsgeschichten» unter die Haut und sind eine wunderbare Lektüre rund um die Weihnachtszeit.

86 Seiten, Hardcover
CHF 24.80, ISBN 978-3-7245-1674-3

Bsuech vom Christkind
Wiehnachtsgschichte glääse vom -minu
Audio-CD
CHF 24.90, ISBN 978-3-7245-1675-0

Die neue Basler Küche

Basel ist nicht nur anders – diese Stadt isst auch anders. Die Küche wurde hier immer durch die nahen Kochtöpfe der Elsässer sowie durch badische Köstlichkeiten geprägt. Seit einem halben Jahrhundert kommen die italienische Note und neustens die Thai-Variante und das türkische Kochmoment hinzu. -minu tischt in seinem zweiten Kochbuch erneut herrliche Kochmimpfeli auf.
92 Seiten, Illustrationen von Johanna Ignjatovič, Hardcover
CHF 24.80, ISBN 978-3-7245-1676-7

Die schnelle Basler Küche

«Ich koche nicht gerne. Das ist immer eine riesige Plackerei. Aber ich esse gerne, deshalb koche ich und versuche dabei, die Plackerei zu umgehen ...» -minu
In seinem neusten Buch «Die schnelle Basler Küche» zeigt -minu, wie man auf einfache Art Wunderbares zubereiten kann. Der Fernsehkoch und Veranstalter legendärer Benefizessen greift dabei in die Trickkiste, benutzt schon mal die Beutelsuppe, motzt Ravioli aus der Büchse auf oder verwendet Tiefkühlprodukte. Mit ein paar Handgriffen zaubert er in wenigen Minuten ein Sonntagsessen auf den Tisch. Seien es die weltberühmten «Nouilles Alfredo» oder «Zwiebelwickel mit Rosinen» – das Resultat überzeugt und begeistert Jung und Alt.
80 Seiten, Illustrationen von Johanna Ignjatovič, Hardcover
CHF 24.80, ISBN 978-3-7245-2021-4